Kohlhammer

Psychoanalyse im 21. Jahrhundert
Klinische Erfahrung, Theorie, Forschung, Anwendungen

Herausgegeben von Cord Benecke, Lilli Gast,
Marianne Leuzinger-Bohleber und Wolfgang Mertens

Berater der Herausgeber
Ulrich Moser
Henri Parens
Christa Rohde-Dachser
Anne-Marie Sandler
Daniel Widlöcher

Rolf-Peter Warsitz
Joachim Küchenhoff

Psychoanalyse als Erkenntnistheorie – psychoanalytische Erkenntnisverfahren

Verlag W. Kohlhammer

Dieses Werk einschließlich aller seiner Teile ist urheberrechtlich geschützt. Jede Verwendung außerhalb der engen Grenzen des Urheberrechts ist ohne Zustimmung des Verlags unzulässig und strafbar. Das gilt insbesondere für Vervielfältigungen, Übersetzungen, Mikroverfilmungen und für die Einspeicherung und Verarbeitung in elektronischen Systemen.

1. Auflage 2015

Alle Rechte vorbehalten
© W. Kohlhammer GmbH, Stuttgart
Gesamtherstellung: W. Kohlhammer GmbH, Stuttgart

Print:
ISBN 978-3-17-022276-2

E-Book-Formate:
pdf: ISBN 978-3-17-026781-7
epub: ISBN 978-3-17-026782-4
mobi: ISBN 978-3-17-026783-1

Für den Inhalt abgedruckter oder verlinkter Websites ist ausschließlich der jeweilige Betreiber verantwortlich. Die W. Kohlhammer GmbH hat keinen Einfluss auf die verknüpften Seiten und übernimmt hierfür keinerlei Haftung.

Geleitwort zur Reihe

Die Psychoanalyse hat auch im 21. Jahrhundert nichts von ihrer Bedeutung und Faszination verloren. Sie hat sich im Laufe ihres nun mehr als einhundertjährigen Bestehens zu einer vielfältigen und durchaus auch heterogenen Wissenschaft entwickelt, mit einem reichhaltigen theoretischen Fundus sowie einer breiten Ausrichtung ihrer Anwendungen.

In dieser Buchreihe werden die grundlegenden Konzepte, Methoden und Anwendungen der modernen Psychoanalyse allgemeinverständlich dargestellt. Worin besteht die genuin psychoanalytische Sichtweise auf Forschungsgegenstände wie z. B. unbewusste Prozesse, Wahrnehmen, Denken, Affekt, Trieb/Motiv/Instinkt, Kindheit, Entwicklung, Persönlichkeit, Konflikt, Trauma, Behandlung, Interaktion, Gruppe, Kultur, Gesellschaft u. a. m.? Anders als bei psychologischen Theorien und deren Überprüfung mittels empirischer Methoden ist der Ausgangspunkt der psychoanalytischen Theoriebildung und Konzeptforschung in der Regel zunächst die analytische Situation, in der dichte Erkenntnisse gewonnen werden. In weiteren Schritten können diese methodisch trianguliert werden: durch Konzeptforschung, Grundlagenforschung, experimentelle Überprüfung, Heranziehung von Befunden aus den Nachbarwissenschaften sowie Psychotherapieforschung.

Seit ihren Anfängen hat sich die Psychoanalyse nicht nur als eine psychologische Betrachtungsweise verstanden, sondern auch kulturwissenschaftliche, sozialwissenschaftliche sowie geisteswissenschaftliche Perspektiven hinzugezogen. Bereits Freud machte ja nicht nur Anleihen bei den Metaphern der Naturwissenschaft des 19. Jahrhunderts, sondern entwickelte die Psychoanalyse im engen Austausch mit geistes- und kulturwissenschaftlichen Erkenntnissen. In den letzten Jahren sind vor allem neurowissenschaftliche und kognitionspsychologische Konzepte

Geleitwort zur Reihe

und Befunde hinzugekommen. Dennoch war und ist die klinische Situation mit ihren spezifischen Methoden der Ursprung psychoanalytischer Erkenntnisse. Der Blick auf die Nachbarwissenschaften kann je nach Fragestellung und Untersuchungsgegenstand bereichernd sein, ohne dabei allerdings das psychoanalytische Anliegen, mit spezifischer Methodik Aufschlüsse über unbewusste Prozesse zu gewinnen, aus den Augen zu verlieren.

Auch wenn psychoanalytische Erkenntnisse zunächst einmal in der genuin psychoanalytischen Diskursebene verbleiben, bilden implizite Konstrukte aus einschlägigen Nachbarwissenschaften einen stillschweigenden Hintergrund wie z. B. die derzeitige Unterscheidung von zwei grundlegenden Gedächtnissystemen. Eine Betrachtung über die unterschiedlichen Perspektiven kann den spezifisch psychoanalytischen Zugang jedoch noch einmal verdeutlichen.

Der interdisziplinäre Austausch wird auf verschiedene Weise erfolgen: Zum einen bei der Fragestellung, inwieweit z. B. Klinische Psychologie, Entwicklungspsychologie, Entwicklungs-psychopathologie, Neurobiologie, Medizinische Anthropologie zur teilweisen Klärung von psychoanalytischen Kontroversen beitragen können, zum anderen inwieweit die psychoanalytische Perspektive bei der Beschäftigung mit den obigen Fächern, aber auch z. B. bei politischen, sozial-, kultur-, sprach-, literatur- und kunstwissenschaftlichen Themen eine wesentliche Bereicherung bringen kann.

In der Psychoanalyse fehlen derzeit gut verständliche Einführungen in die verschiedenen Themenbereiche, die den gegenwärtigen Kenntnisstand nicht nur klassisch freudianisch oder auf eine bestimmte Richtung bezogen, sondern nach Möglichkeit auch richtungsübergreifend und Gemeinsamkeiten aufzeigend darstellen. Deshalb wird in dieser Reihe auch auf einen allgemein verständlichen Stil besonderer Wert gelegt.

Wir haben die Hoffnung, dass die einzelnen Bände für den psychotherapeutischen Praktiker in gleichem Maße gewinnbringend sein können wie auch für sozial- und kulturwissenschaftlich interessierte Leser, die sich einen Überblick über Konzepte, Methoden und Anwendungen der modernen Psychoanalyse verschaffen wollen.

Die Herausgeberinnen und Herausgeber
Cord Benecke, Lilli Gast,
Marianne Leuzinger-Bohleber und Wolfgang Mertens

Inhalt

Geleitwort zur Reihe 5

Vorwort 9

Teil 1 Erkenntnistheorie der Psychoanalyse: Kritische Revision einer Kontroverse im 20. Jahrhundert 13

1 Die Frage nach der wissenschaftstheoretischen Position der Psychoanalyse 15
2 Zur Geschichte des Methodenpluralismus in den Wissenschaften 20
3 Psychoanalyse als Naturwissenschaft der Seele: Die Wahrheit der psychoanalytischen Erkenntnis und das naturwissenschaftliche Paradigma 50
   3.1 Grünbaums wissenschaftstheoretische Kritik der Psychoanalyse 51
   3.2 Neurowissenschaften und ihr Verhältnis zum naturwissenschaftlichen Paradigma 57
4 Psychoanalyse als Hermeneutik 61
   4.1 Der philosophische Verstehensbegriff und die Psychoanalyse 63
5 Der Status der Psychoanalyse als Wissenschaft und die Kontroverse um die Metapsychologie 70
   5.1 Zur Frage der Metapsychologie 74
   5.2 Die psychoanalytische Einzelfallstudie – die neue via regia der psychoanalytischen Forschung? ... 81

Inhalt

| Teil 2 | Psychoanalyse als Erkenntnistheorie: Die psychoanalytische Erfahrung als Grundlage jeder psychoanalytischen Erkenntnistheorie | 85 |

6   Die Grundlagen der psychoanalytischen Erfahrung 87
7   Der Gegenstand der psychoanalytischen Erkenntnis 94
8   Das Material der psychoanalytischen Erkenntnis 97
9   Methoden der psychoanalytischen Erkenntnis 100
10   Ziele der psychoanalytischen Kur 106
    10.1 Die Erweiterung des Sprachraums und die Fähigkeit, sich im Sprechen wiederzuerkennen.... 108
    10.2 Die Anerkennung der eigenen Handlungen 109
    10.3 Die Erweiterung und das Beweglich-Werden der narrativen Identität 111
    10.4 Die Arbeit am Erinnerungsvermögen und die Verflüssigung der Vergangenheit 112

| Teil 3 | Prolegomena zu einer dialektischen Methodologie der Psychoanalyse | 119 |

11   Einleitung: Zwischenbemerkung zum Fortgang der Argumentation 121
12   Negativ-anthropologische Prolegomena einer dialektischen Epistemologie der Psychoanalyse 124
13   Erkenntnisanthropologische Konsequenzen: Skizzen einer dialektischen Methodologie der Psychoanalyse 133
14   Freie Assoziation und gleichschwebende Aufmerksamkeit, Prosodie des Sprechens und Rêverie des Zuhörens: Elemente einer dialektischen Methodologie der Psychoanalyse 145
    14.1 Zwischenleiblichkeit: Prosodie und Semanalyse ... 150
    14.2 Rêverie und negative Semiotik 156
15   Zusammenfassung 165

Literatur 168

Stichwortverzeichnis 181

Personenverzeichnis 184

Vorwort

Sich mit Erkenntnistheorien zu befassen, mag manchen als trockene Aufgabe erscheinen, zumal das Thema weit weg von der klinischen Praxis der Psychoanalyse angesiedelt zu sein scheint. Doch der Schein trügt. Denn diese Überlegungen, wie psychoanalytische Erkenntnis aufzufassen ist, fundieren die klinische Praxis und von ihnen zu wissen, erlaubt es auch dem praktisch tätigen Psychoanalytiker oder der Psychoanalytikerin, seine oder ihre eigene Tätigkeit besser zu verstehen und das Verständnis für die eigene Haltung und Handlungsweise zu schärfen. Erkenntnistheorie ist daher nicht praxisfern, sondern erlaubt die Wege der Erkenntnis in jeder Therapiestunde zu verstehen.

Zugleich gibt das erkenntnistheoretische Feld den Schauplatz ab, auf dem manche Auseinandersetzungen ausgetragen werden, die die Psychoanalyse als Wissenschaft im Kern treffen. Wer je als Vertreterin oder Vertreter psychoanalytischer Organisationen in Leitlinien-Konferenzen gesessen hat, weiß ein Lied davon zu singen, wie praktisch folgenreich die wissenschaftstheoretische Verortung der Psychoanalyse ist. Sie wirkt sich aus in die höchst konkreten Entscheidungen, welche Art von Forschung als wissenschaftlich validiert zu gelten hat. Erkenntnistheorie zu betreiben ist also nicht Selbstzweck, sondern Fundament für die selbstbewusste Vertretung des Fachs in der therapeutic community.

Schließlich ermöglicht es die Erkenntnistheorie der Psychoanalyse, innerhalb der scientific community ihren Platz zu finden und zu behaupten. Das ist für eine Querschnittsdisziplin besonders wichtig, denn die Psychoanalytikerin und der Psychoanalytiker bewegen sich, wenn sie den Spuren Sigmund Freuds folgen, in verschiedenen Welten, sie arbeiten u. U. therapeutisch, wenden aber psychoanalytisches Denken in der Literaturinterpretation, im Verstehen kultureller und gesellschaftlicher Phänomene und in anderen Bereichen an, und sie werden herausgefordert von den anderen kooperierenden oder antagonistisch eingestellten Wissenschaften, die von den Erkenntnissen der Psychoanalyse profitiert haben oder die sich gegen dieselben stellen. Transdisziplinarität, die dieses Denken in vielen Bereichen erfordert, gerät schnell zu einer ungemütlichen Zwischenposition, die zwischen allen Stühlen landet und zu einer Heimatlosigkeit führt, weil diejenigen, die sich an mehreren Orten aufhalten wollen, nirgendwo richtig dazu zu gehören scheinen. Um sich der eigenen Position zu vergewissern, ist es nötig, die fürs eigene Fach geltenden Erkenntnisformen definieren zu können, so dass die Grundlagen der transdisziplinären Arbeit allen transparent gemacht werden können. Erkenntnistheorie ist also auch Voraussetzung eines begründeten und sicheren Dialogs oder Polylogs mit anderen Wissenschaften.

Nun beansprucht unser Buch, das wir dem Leser und der Leserin vorstellen, freilich schon im Titel mehr, als dass wir die Erkenntnistheorie der Psychoanalyse freilegen. Wir wollen zugleich das Selbstbewusstsein der Psychoanalyse als Wissenschaft insofern stärken, als wir davon ausgehen, dass die Psychoanalyse sich nicht nur erkenntnistheoretisch in den bestehenden Modellen zu situieren braucht, sondern vielmehr einen eigenen, unverwechselbaren erkenntnistheoretischen Weg geht. Daher meinen wir, dass die Psychoanalyse selbst eine Erkenntnistheorie sui generis bereithält, die es allerdings herzuleiten, zu begründen und zu beschreiben gilt. Wir beschreiben nicht einen Sonderweg der Psychoanalyse, vielmehr indes einen spezifischen Weg – den es freilich im komplexen Netzwerk erkenntnistheoretischer Positionen zu beschreiben gilt, dem also nichts Mystisches anhaftet, der aber doch der Psychoanalyse eigentümlich ist. Den Weg zu beschreiben, verlangt allerdings, der Komplexität erkenntnistheoretischer Positionen nachzugehen. Daher möge die Leserin oder der Leser dieses Buchs nachsichtig sein mit mancher dichten und befrachteten Darstellung – der rote Faden des Buchs bleibt, so hoffen wir, immer deutlich. Psychoanalyse ist selbst Erkenntnistheorie, sie ist nicht nur Gegenstand derselben.

Freimütig bekennen wir unsere Freude ein, die wir hatten, als wir von den Reihenherausgebern gefragt wurden, ob wir gemeinsam bereit seien, uns des schwierigen Themas anzunehmen. Wohl wissend, dass ein solches Buchprojekt unsere ohnehin eng geplante Arbeitszeit gehörig belasten würde, worüber wir alles andere als Freude empfanden, haben wir ohne Zögern zugestimmt. Zuerst ging es uns darum, die große Idee einer Reihe, die sich der Psychoanalyse im 21. Jahrhundert widmet, mit einem Beitrag unterstützen zu können. Zudem haben wir die Anfrage als Provokation gern aufgenommen, ein uns beiden seit langem umtreibendes Thema gründlich, »am Stück« und nicht nur in Bruchstücken, zu behandeln. Nicht zuletzt haben wir die Aussicht, nach einem mehr als 20 Jahre dauernden Intervall wieder ein Buch gemeinsam zu schreiben, wo ja die gemeinsame Arbeit mit und an Philosophie und Psychoanalyse in der Zwischenzeit immer weitergeführt worden war, als sehr reizvoll empfunden.

Unser Dank richtet sich an die Reihenherausgeber und Professorinnen Cord Benecke, Lilli Gast, Marianne Leuzinger-Bohleber und Wolfgang Mertens für die Aufforderung, an der Buchreihe des W. Kohlhammer Verlags »Psychoanalyse im 21. Jahrhundert. Disziplinen, Konzepte, Anwendungen« mitzuarbeiten. Wir danken außerdem und insbesondere Herrn Dr. Ruprecht Poensgen als dem Verlagsleiter des Kohlhammer Verlags für seine geduldige und andauernde Unterstützung. Im Endspurt der Fertigstellung schließlich haben uns Daniel Märkisch und Kevin Neufeldt mit nie endendem Einsatz unterstützt; auch ihnen sei herzlich gedankt.

Kassel und Basel, im Februar 2015
Rolf-Peter Warsitz und Joachim Küchenhoff

Teil 1 Erkenntnistheorie der Psychoanalyse: Kritische Revision einer Kontroverse im 20. Jahrhundert

1 Die Frage nach der wissenschaftstheoretischen Position der Psychoanalyse

> **Einführung**
>
> Die Frage, welche Art von Wissenschaft die Psychoanalyse als Wissenschaft vom Unbewussten eigentlich ist, beschäftigt sie von allem Anfang an. Es ist ein eigentümliches Schwanken in den Positionen des Gründers der Psychoanalyse, Sigmund Freud, zu erkennen, der sich dieser Frage allerdings nicht gern gestellt hat. Er wollte, dass die Psychoanalyse Teil der klinischen Medizin sein solle, zugleich aber ging sein Anspruch weit darüber hinaus. Er konnte nicht umhin zu bemerken, dass es die Sprache ist, die für die psychoanalytische Praxis zentral ist – und dass die Psychoanalyse damit, auch wenn sie klinisch-therapeutisch bedeutsam ist, sich nicht ohne weiteres einem naturwissenschaftlichen Paradigma unterstellen kann.

Lernziele

- Die Positionen Freuds zur Epistemologie der Psychoanalyse kennen
- Die epistemologische oder wissenschaftstheoretische Fragestellung würdigen
- Erkennen können, dass die Psychoanalyse sich den gängigen dichotomen wissenschaftstheoretischen Zuordnungen nicht zuordnen lässt, und die Argumente dafür kennen

Was zeichnet die psychoanalytische Erkenntnis aus, woran bemisst sie sich, wie ist sie überprüfbar? Was für eine Art von Wissenschaft ist die Psychoanalyse? Eine Naturwissenschaft? Eine Geisteswissenschaft? Eine Kulturwissenschaft? Diese Frage nach einer psychoanalytischen Epistemologie wurde von S. Freud eher unwirsch an den Rand gedrängt, wiewohl er eine implizite Epistemologie dann doch vorgelegt hat. 1915 schrieb Freud an Ferenczi: »Ich halte darauf, daß man Theorien nicht machen soll – sie müssen einem als ungebetene Gäste ins Haus fallen, während man mit Detailuntersuchungen beschäftigt ist« (Freud & Ferenczi, 1996, Brief vom 31. 7. 1915, S. 138).

Freuds offensichtliche Aversion gegen Philosophie, Wissenschafts- und Erkenntnistheorie vermag nicht zu verhehlen, dass er in vielfältiger Weise sich darin versucht hat, durchaus widersprüchlich und durchaus wechselnd in den Formulierungen seines Werks, seine Theoriekonzepte mit dem Regulativ aller klinischen Theorie, dem Vorrang der klinischen Erfahrung auszustatten. Psychoanalytische Theorie sollte vornehmlich dem Zweck dienen, die Psychoanalyse als Wissenschaft vom Unbewussten zu elaborieren. 1923 charakterisiert Freud die »Psychoanalyse als empirische Wissenschaft«, als eine sich an und durch Erfahrung konstituierende und stetig wandelnde Disziplin:

> »Die Psychoanalyse ist kein System wie die philosophischen, das von einigen scharf definierten Grundbegriffen ausgeht, mit diesen das Weltganze zu erfassen sucht, und dann, einmal fertig gemacht, keinen Raum mehr hat für neue Funde und bessere Einsichten. Sie haftet vielmehr an den Tatsachen ihres Arbeitsgebiets, sucht die nächsten Probleme der Beobachtung zu lösen, tastet sich an der Erfahrung weiter, ist immer unfertig, immer bereit, ihre Lehren zurechtzurücken oder abzuändern. Sie verträgt es so gut wie die Physik oder die Chemie, daß ihre obersten Begriffe unklar, ihre Voraussetzungen vorläufige sind, und erwartet eine scharfe Bestimmung derselben von zukünftiger Arbeit« (Freud, 1923, S. 229).

In »Some Elementary Lessons in Psycho-Analysis« unterstreicht Freud diese Bestimmung noch:

> »Die Psychoanalyse ist ein Stück der Seelenkunde der Psychologie [...] Unsere Wahrnehmungen, Vorstellungen, Erinnerungen, Gefühle und Willensakte, all dies gehört zum Psychischen [...] Wir studieren diese Erscheinungen, finden ihre Gesetze und machen selbst praktische Anwendungen von ihnen [...] Es ist nun einmal nicht anders in den Naturwissenschaften. Die Psychoanalyse ist auch eine Naturwissenschaft. Was sollte sie denn sonst sein. Aber ihr Fall liegt anders« (Freud, 1940, S. 142 f.).

Um diese Frage, wie anders der Fall der Psychoanalyse gelagert sein könnte, werden sich unsere folgenden Überlegungen drehen. Denn diese scheinbar klar die Psychoanalyse als Naturwissenschaft des Seelischen oder des Unbewussten situierende Bestimmung Freuds wirft im Detail gravierende Fragen auf wie die, was für ein Typ von Erfahrung der

1 Die Frage nach der wissenschaftstheoretischen Position

psychoanalytischen Praxis zugrunde liegt. Weiter oben im selben Text hatte er die freie Assoziation als technische Grundregel beschrieben, dann die gleichschwebende Aufmerksamkeit als erfahrungsgestützte Methode des Analytikers, sich seinem eigenen Unbewussten zu überlassen, um mit dem Unbewussten in der Rede des Analysanten[1] in Kontakt zu kommen, was allein zur »Psychoanalyse als Deutungskunst« führen könne (a. a. O., S. 214 f.).

Von einer Auffassung der Psychoanalyse als einer reinen Sprachwissenschaft bis zu einer Konzeption der Psychoanalyse als Naturwissenschaft des Seelischen finden sich bei Freud Belege und auch widersprüchliche Überlegungen. So schreibt er in seinem späten Vermächtnis, dem »Abriß der Psychoanalyse« von 1938 (Freud, 1941, S. 80):

»Die Psychoanalyse [...] erklärt die vorgeblichen somatischen Begleitvorgänge für das eigentliche Psychische, sieht dabei zunächst von der Qualität des Bewußtseins ab [...], und das allgemeine Ungenügen an der gebräuchlichen Auffassung des Psychischen hat zur Folge gehabt, daß ein Begriff des Unbewußten immer dringlicher Aufnahme ins psychologische Denken verlangte, obwohl in so unbestimmter und unfaßbarer Weise, daß er keinen Einfluß auf die Wissenschaft gewinnen konnte. Nun scheint es sich in dieser Differenz zwischen der Psychoanalyse und der Philosophie nur um eine gleichgültige Frage der Definition zu handeln, ob man den Namen des Psychischen der einen oder der anderen Reihe verleihen soll. In Wirklichkeit ist dieser Schritt höchst bedeutungsvoll geworden. Während man in der Bewußtseins-Psychologie nie über jene lückenhaften, offenbar von anderswo abhängigen Reihen hinauskam, hat die andere Auffassung, das Psychische sei an sich unbewußt, gestattet, die Psychologie zu einer Naturwissenschaft wie jede andere auch auszugestalten.«

Schon 1917 gibt Freud nun ein zwar implizites, aber dezidiertes epistemologisches Programm seiner im Werden begriffenen Psychoanalyse als einer Wissenschaft vom Unbewussten. In der ersten »Vorlesung zur Einführung in die Psychoanalyse« schreibt er:

---

1 Hier wie überall im Folgenden benutzen wir die aktive Form: Analysant ist gemäß der im Lateinischen gebräuchlichen Unterscheidung von Gerundium und Gerundivum derjenige, der analysiert, während der Analysand derjenige ist, der analysiert wird. Wir betonen damit die aktive Arbeit desjenigen, der eine Analyse unternimmt und der sich eben nicht einer Analyse unterzieht oder unterwirft.

Teil 1 Erkenntnistheorie der Psychoanalyse

> »In der analytischen Behandlung geht nichts anderes vor als ein Austausch von Worten zwischen dem Analysierten und dem Arzt [...] Das Gespräch, in dem die psychoanalytische Behandlung besteht, verträgt keinen Zuhörer; es läßt sich nicht demonstrieren. [...] Sie können also eine psychoanalytische Behandlung nicht mit anhören. Sie können nur von ihr hören und werden die Psychoanalyse im strengsten Sinne des Wortes nur vom Hörensagen kennen lernen« (Freud, 1917, S. 9).

Freud zufolge vermögen die etablierten Wissenschaften vom Seelischen (deskriptive sowie biologische Psychiatrie einschließlich der Neurowissenschaften, Psychologie und Philosophie) keinen Hinweis auf die genuin psychoanalytische Fragestellung des Zusammenhangs von Leiblichem und Seelischem und zur Psychodynamik des Unbewussten zu liefern.

S. Freuds spätes Plädoyer für eine naturwissenschaftliche Psychologie, der die Psychoanalyse epistemologisch zuzuordnen sei, lässt sich also in ihrer schillernden Vieldeutigkeit auch ganz anders lesen denn rein szientistisch. Darüber hinaus kennen wir genug anderslautende Überlegungen aus seiner Feder, die unseren vorsichtigen Öffnungsversuch der Psychoanalyse zu einer Disziplin, die »auch eine Geisteswissenschaft« (qua Kultur-, Geschichts- und Sprachwissenschaft) ist, rechtfertigen, z. B. die nicht minder bekannte aus der Epikrise der Falldarstellung des Fräuleins Emmy von R.:

> »Ich bin nicht immer Psychotherapeut gewesen, sondern bin bei Lokaldiagnosen und Elektroprognostik groß geworden wie andere Neuropathologen, und so berührt es mich selbst noch eigentümlich, daß die Krankengeschichten, die ich schreibe, wie Novellen zu lesen sind, und daß sie sozusagen des ernsten Gepräges der Wissenschaftlichkeit entbehren. Ich muß mich damit trösten, daß für diese Ergebnisse die Natur des Gegenstandes offenbar eher verantwortlich ist als meine Vorliebe; Lokaldiagnostik und elektrische Reaktionen kommen bei dem Studium der Hysterie eben nicht zur Geltung, während eine eingehende Darstellung der seelischen Vorgänge, wie man sie vom Dichter zu erhalten gewohnt ist, mir gestattet, bei Anwendung einiger psychologischer Formeln doch eine Art von Einsicht in den Hergang einer Hysterie zu gewinnen. Solche Krankengeschichten wollen beurteilt werden wie psychiatrische, haben aber vor letzteren eines voraus, nämlich die innige Beziehung zwischen Leidensgeschichte und Krankheitssymptomen« (Freud & Breuer, 1895/1970, S. 227).

Der Psychoanalyse bleibt es vorbehalten, die epistemische »Lücke« zwischen der Psychiatrie und den psychologischen Grundlagendisziplinen zu schließen. Diese Lücke betrifft den Bereich des dynamischen Unbewussten.

1 Die Frage nach der wissenschaftstheoretischen Position

In diesen Formulierungen artikuliert sich die Psychoanalyse als eine zugleich klinische Theorie seelischer Störungen, als eine Erfahrungswissenschaft des Unbewussten und als eine Kulturtheorie, die der Seele des Subjekts die entscheidende Rolle zuerkennt, als Relais zwischen Triebregungen, der Naturseite des Subjekts, und gesellschaftlichen Anforderungen ihres Funktionierens zu vermitteln und noch das erhebliche Störpotential dieser Entwicklung zu reflektieren im Sinne einer Pathologie der Kultur (vgl. auch Dreher, 1998b, S. 27).

Zusammenfassung

Für Sigmund Freud ist entscheidend, dass die Psychoanalyse eine empirische Wissenschaft ist und dass sie sich an der eigenen, ihr eigentümlichen Praxis ausrichtet und von ihr, der Praxis, her ihren Theoriebestand immer neu ausweitet oder überdenkt. Aus seinen Texten lassen sich einerseits Bemerkungen finden, die sich als Rechtfertigung eines naturwissenschaftlichen Paradigmas für die Psychoanalyse verstehen lassen. Andererseits ist ihm immer bewusst, dass Psychoanalyse an die Sprache, an die Erzählung der Lebensgeschichte gebunden ist. Keine der Positionen ist falsch, keine ist richtig – beide sind für sich genommen nicht in der Lage, die Psychoanalyse als Wissenschaft des Unbewussten, wie es sich äußert in der Patientenbehandlung, aber auch in der Kultur und Gesellschaft, angemessen zu beschreiben. Eine psychoanalytische Epistemologie muss die der Psychoanalyse adäquate wissenschaftstheoretische Position möglicherweise erst entwickeln, wenn die Zuordnung zu etablierten Einteilungen ihr nicht gerecht wird.

2 Zur Geschichte des Methodenpluralismus in den Wissenschaften

Einführung

Bevor das im vorhergehenden Abschnitt beschriebene Ziel erreicht werden kann, muss zunächst der wissenschaftstheoretische Diskurs um das Erklären und Verstehen dargestellt werden, der sich ja nicht primär um die Psychoanalyse gedreht hat, sondern zum Ziel hatte, die akademischen Wissenschaften voneinander methodologisch zu differenzieren. Uns interessiert dabei v. a. die Frage, wie die Grenze zwischen den naturwissenschaftlichen und den geisteswissenschaftlichen Paradigmen gezogen und begründet worden ist. Diese Grenze ist nicht ein für alle Mal gezogen, sondern in immer neuen Anläufen definiert und neu vermessen worden. Den Etappen dieser wissenschaftstheoretischen Diskussionen widmet sich das nachfolgende Kapitel.

Lernziele

- Einen Überblick über die Wissenschaftstheorie der letzten zwei Jahrhunderte gewinnen
- Die Gründe für das Auseinandertreten eines der Erklärung und eines dem Verstehen gewidmeten Wissenschaftsmodell angeben können
- Den Dualismus von Erklären und Verstehen wissenschaftshistorisch begründen und die einheitswissenschaftliche Frontstellung gegen diesen Dualismus nachzeichnen können
- Die Positionen der Philosophie des 20. Jahrhunderts benennen können, die daran arbeiten, die Dichotomie von Verstehen und Erklären zu unterlaufen oder mit Hilfe einer dritten und umfassenden Dimension miteinander zu vermitteln

2 Zur Geschichte des Methodenpluralismus in den Wissenschaften

Die Epistemologie der modernen Wissenschaften[2] begann mit der Begründung des naturwissenschaftlichen Paradigmas durch R. Descartes, welches dann von I. Kant in seinen drei Kritiken differenziert wird, der »Kritik der reinen Vernunft«, die die Epistemologie der Naturwissenschaft entfaltete, der »Kritik der praktischen Vernunft«, die die normativen Grundlagen der sozialen Verständigungsverhältnisse (Ethik) untersucht, und der »Kritik der Urteilskraft«, die die Bedingungen der ästhetischen Vernunft elaboriert (Kant, 1781/1983, 1788/1983, 1790/1983).

Die Nachfolger von Kant beziehen sich in den modernen Epistemologien in der Regel auf seine transzendentalphilosophische Differenzierung der Erkenntnis- und Begründungsformen. So hat K. O. Apel die Methodologie der Wissenschaften im Hinblick auf die *Erklärens-Verstehens-Kontroverse* wissenschaftlicher Begründungsformen in drei Phasen unterteilt[3], denen wir schließlich – unter Berücksichtigung der Strukturalismus- und Poststrukturalismusdebatte – eine vierte Phase hinzufügen werden.

(1) In der ersten Phase, im 19. und frühen 20. Jahrhundert, begründeten die philologisch-historischen Disziplinen ihre methodologische Eigenständigkeit mit der Entfaltung der »hermeneutischen Wende« von der klassischen Textauslegung zur »Kunstlehre des Verstehens« von Texten (Schleiermacher) und sodann zur Rekonstruktion von historischen Lebensäußerungen (Droysen). Im 20. Jahrhundert begründete dann der logische Positivismus des Wiener Kreises (R. Carnap, H. Reichenbach) sein einheitswissenschaftliches Modell wissenschaftlicher Erklärung, das dem naturwissenschaftlichen Erkenntnisprozess verhaftet war. Lebensphilosophische, phänomenologische und hermeneutische Epistemologien hingegen differenzierten den Gedanken der Pluralität der Wissens- und Begründungsformen weiter. Schon W. Dilthey führte diese Ansätze in seiner »deskriptiven Psychologie« als philosophische Hermeneutik

---

2 Dancy & Sosa, 2010; Mittelstraß, 1995; Stegmüller, 1969–1983; Gadamer, 1975; Detel, 2011, S. 329 ff., Angehrn, 2004; Angehrn, 2010; Riedel, 1978; Warsitz, 1987; Warsitz, 1990; i. F. folgen wir Apel, 1979; von der Pfordten & Schurz, 2002.
3 Apel, 1955; Apel, et al., 1978; Apel, 1979; vgl. Warsitz, 1990, S. 94 ff., S. 159 ff. und S. 250 ff.

zusammen, in der die Sprache als Medium der sozialen Verständigung zum Substrat des hermeneutischen Verstehens wird und sich darüber auch abgrenzt von den in den Naturwissenschaften üblichen Erklärungen objektiver Dingzusammenhänge. Das Verstehen subjektiv erlebter und/oder objektiver Sinnzusammenhänge des Seelenlebens und der Kultur wird zur eigenständigen Erkenntnismethode. Dilthey entfaltete in seiner Differenzierung von »beschreibender und zergliedernder Psychologie« einerseits und erklärender Psychologie andererseits bereits klar den Strukturzusammenhang differenter Methoden zur Erfassung desselben Gegenstandsbereichs. Diltheys Ansatz eines für die Geisteswissenschaften spezifischen Verstehens der (auto-)biographisch-narrativen Sinnzusammenhänge des je eigenen Lebens durch Einfühlung und psychologische Beschreibung von und in (Er-)Lebenszusammenhänge(n) begründete den *Dualismus der verstehenden Geistes- gegenüber den erklärenden Naturwissenschaften*[4].

Gegen Diltheys Historismus und Psychologismus, also gegen seinen Primat des einfühlenden Verstehens in das fremdseelische Erleben als grundlegend für die Methodologie der Geisteswissenschaften, regte sich schnell Kritik in Gestalt der »antipsychologischen« und »antilebensphilosophischen« Heidelberger Schule des Neukantianismus. Wilhelm Windelband führte 1894 (Windelband, 1894/1924) die Unterscheidung der idiographischen Kultur- von den nomothetischen Naturwissenschaften ein, und H. Rickert ergänzte und kritisierte diesen Ansatz um die Unterscheidung der individualisierenden Wertebeziehungen (in den historischen und Kulturwissenschaften) von den generalisierenden Sachbeziehungen in den Naturwissenschaften. Demnach wird allen Wissenschaften zwar ein gemeinsamer Erfahrungsbegriff zugrunde gelegt, es werden aber unterschiedliche Begründungsformen angewandt: der idiographische Ansatz der Kulturwissenschaften erfasst individuelles Geschehen subjektiver oder historischer Prozesse, z. B. in der Biographik oder in der Kulturgeschichte des Menschen, während der nomothetische Ansatz der Realwissenschaften Einzelerkenntnisse im Lichte allgemeiner Theorien erklärt.

---

4 »Die Natur erklären wir, das Seelenleben verstehen wir« (Dilthey, 1894/1957, S. 149).

Box 1

Dilthey, Wilhelm (1833–1911)

Diltheys Anliegen war es, den Geisteswissenschaften eine eigenständige Methodologie und Forschungslogik zuzuschreiben im Verhältnis zu den Naturwissenschaften, die ihren Siegeszug in der zweiten Hälfte des 19. Jahrhunderts angetreten hatten. Diese Methodologie lässt sich als Verstehenslehre umschreiben. Dabei ging es Dilthey nicht allein um psychologisches Verstehen, nicht nur um die unmittelbare Einfühlung, sondern um das Verstehen der in Sprache und in der Geschichtsschreibung objektivierten Sachverhalte. So erklärt sich die große Nähe, die Dilthey über das historische Verstehen zwischen Philosophie und Geschichtswissenschaften herstellt. Der Begriff der Geistesgeschichte ist eng mit dem Namen Diltheys verbunden. Sein Einfluss auf die Hermeneutik des 20. Jahrhunderts und auf die modernen Geschichtswissenschaften lässt sich kaum unterschätzen. Die Rezeption des Werkes ist gleichwohl erschwert gewesen, weil er die von ihm angezielte Systematik der Geisteswissenschaften zu Lebzeiten nicht vollenden konnte.

Wilhelm Dilthey wurde 1833 in Biebrich bei Wiesbaden geboren. Er studierte Theologie und Philosophie an der Berliner Universität, wo er sich habilitierte. Ab 1865 erhielt er Rufe nach Basel, Kiel und Breslau; 1882 wurde er nach Berlin zurückberufen. Hier lehrte er bis zum Jahr 1905.

Hauptwerke:

Einleitung in die Geisteswissenschaften. Versuch einer Grundlegung für das Studium der Gesellschaft und der Geschichte (1883), Einleitung in die Geisteswissenschaften. Versuch einer Grundlegung für das Studium der Gesellschaft und der Geschichte, Gesammelte Schriften, I. Band. Stuttgart: B.G. Teubner Verlagsgesellschaft, 1959.

Ideen über eine beschreibende und zergliedernde Psychologie (1894), in Gesammelte Schriften, V. Band. Stuttgart: B.G. Teubner Verlagsgesellschaft, 1957, S. 139–240.

Die Entstehung der Hermeneutik (1900), in Gesammelte Schriften, V. Band: B.G. Teubner Verlagsgesellschaft, 1957, S. 317–338.

Das Erlebnis und die Dichtung. Lessing, Goethe, Novalis, Hölderin (1906), Gesammelte Schriften, XXVI. Band: Vandenhoeck&Ruprecht, 2005.

Der Aufbau der geschichtlichen Welt in den Geisteswissenschaften (1910), Gesammelte Schriften, VII. Band. Stuttgart: B.G.Teubner Verlagsgesellschaft, 1958.

Box 2

Nomothetik/Idiographik

(von griech. νόμος und τίθημι, Gesetze geben, vorschreiben, feststellen, bestimmen; bzw. von griech ἴδιος, eigen, eigentümlich und γράφειν, schreiben, beschreiben).

Ausgehend von I. Kants Unterscheidung der gesetzgebenden Kraft der Vernunft (Nomothetik) in Bezug auf Natur (Naturgesetze) einerseits und Freiheit (moralische Teleologie) andererseits führt W. Windelband in seiner Straßburger Rektoratsrede von 1894 die Komplementärbegriffe »nomothetisch« und »idiographisch« in die Methodologie von Natur- und Geisteswissenschaften ein. Diese Differenzierung zielt nicht auf einen Seinsdualismus heterogener Erkenntnisgegenstände, sondern auf einen Methodendualismus erfahrungswissenschaftlicher Erkenntniswege bzw. auf differente Erkenntnisziele der jeweiligen Wissenschaften. Der Begriff Methodendualismus bedeutet:

»[...] die Erfahrungswissenschaften suchen in der Erkenntnis des Wirklichen entweder das Allgemeine in der Form des Naturgesetzes oder das Einzelne in der geschichtlich bestimmten Gestalt; sie betrachten zu einem Teil die immer sich gleichbleibende Form, zum anderen Teil den einmaligen, in sich bestimmten Inhalt des wirklichen Geschehens. Die einen sind Gesetzeswissenschaften, die anderen Ereigniswissenschaften; jene lehren, was immer ist, diese, was einmal war. Das wissenschaftliche Denken ist – wenn man neue Kunstausdrücke bilden darf – in dem einen Falle nomothetisch, in dem andern idiographisch. Wollen wir uns an die gewohnten Ausdrücke halten, so dürfen wir ferner in diesem Sinne von dem Gegensatz naturwissenschaftlicher und historischer Disziplinen reden [...]« (Windelband, 1894, S. 12).

Dem Dualismus der Methoden entspricht also kein Dualismus der Gegenstände der Erkenntnis, so dass »dieselben Gegenstände zum Objekt einer nomothetischen und daneben auch einer idiographischen Untersuchung gemacht werden können« (ebd.), je nachdem, ob wir sie unter den Gesichtspunkten »des Immergleichen« oder »des Einmaligen« betrachten (a. a. O., S. 16). Naturwissenschaft und Geschichtswissenschaft lassen sich also methodologisch differenzieren: »die eine sucht

2 Zur Geschichte des Methodenpluralismus in den Wissenschaften

Gesetze, die andere Gestalten« (a. a. O., S. 16), die eine neigt zur Abstraktion, die andere zur anschaulichen Darstellung (a. a. O., S. 17). H. Rickert, M. Weber und E. Cassirer haben diese Differenzierung dann spezifiziert und ausgeweitet zu einer differenziellen Logik der Natur- und der Kulturwissenschaften.

Literatur

Artikel »Nomothetisch/idiographisch«. In J. Ritter et al. (Hg.): *Historisches Wörterbuch der Philosophie* (Bd. 6, S. 896–897). Darmstadt: Wissenschaftliche Buchgesellschaft. 1976
Cassirer, E.. *Zur Logik der Kulturwissenschaften*. Darmstadt: Wissenschaftliche Buchgesellschaft, 1942/1971.
Habermas, J.. *Zur Logik der Sozialwissenschaften*. Frankfurt: Suhrkamp, 1967.
Rickert, H.: *Kulturwissenschaft und Naturwissenschaft*. Stuttgart: Reclam, 1899, 2001. Weber, M. *Gesammelte Schriften zur Wissenschaftslehre*. Tübingen: J.C.B.Mohr., 1988.
Windelband, W. Geschichte und Naturwissenschaft. In *Präludien* (9. Aufl.). Tübingen: Bibliotheca Augustana, 1894/1924.

Diese neukantianische Nomenklatur wurde nun bereits von Jaspers, dann radikal von Habermas und Apel als unangemessen zum Erfassen der Verstehensprozesse in der verstehenden Psychologie, den kritischen Sozialwissenschaften zurückgewiesen, da schon der Erfahrungsbegriff bei letzteren auf eine intersubjektive, sprachliche und das heißt auch zeitlich-prozesshafte Verständigung zielt, nicht, wie in den Naturwissenschaften, auf eine äußerliche Dinghaftigkeit. Der »Sinn« des zu Verstehenden ist nicht erst auf der Ebene der wissenschaftlichen Begründung, sondern bereits auf der der Erfahrung zu situieren. Das »idion«, das »Eigene«, das da »aufgeschrieben« wird (Idio-Graphik), sind nicht Beobachtungsdaten, sondern Geschichten, Narrationen. Demzufolge lässt sich ein historisches Ereignis oder das Individuum in seiner Einzigartigkeit und Geschichtlichkeit wissenschaftlich zwar nicht eindeutig erkennen resp. verstehen (»individuum est ineffabile«), wohl aber kann das historische Verstehen im Sinne eines »regulativen Prinzips« (Kant) eine charakterisierende Sinnbildung (im Lichte des Sinnallgemeinen) leisten, die nicht vergleichbar ist mit dem nomothetischen Erklären eines Naturzusammenhangs. Diesem neukantianischen Ansatz einer Wissenschaftsmethodologie folgte dann mit der Elaborierung eines zweckrationalen Verstehens Max Webers Konzeption einer verstehenden Soziologie, in der jenseits der je eigenen Geschichte und des je eigenen Erlebens auch objektive Sinngehalte und Bedeutungszusammenhänge des Geistes und der Kultur der wissenschaftlichen Erkenntnis zugänglich gemacht werden sollten (Verstehen des Idealtypus). Auch diese epistemologischen Konzeptionen der verstehenden Geistes- und Kulturwissenschaften grenzten sich dezidiert von »allem Positivismus und Szientismus« der einheitswissenschaftlichen naturwissenschaftlichen Epistemologie ab (Apel, 1979, S. 35 f.). Der südwestdeutsche Neukantianismus (Windelband, Rickert) griff die Dichotomie wissenschaftlicher Methoden nach Dilthey zwar auf, kritisierte aber dessen psychologistischen, intuitionistischen Zugang der Einfühlung in das Fremdseelische.

»Verstehende Wissenschaften erfassen – so Rickert – in unvermeidlich allgemeinen, also auf Wiederholbares gerichteten Ausdrücken, den gleichwohl unwiederholbaren Sinn geschichtlicher Ereignisse« (Habermas, 1970, S. 74).[5] Max Webers »verstehende Soziologie« und seine Kritik am Psychologismus des einfühlenden Verstehens zielte ebenfalls auf eine methodische Vermittlung von Verstehen und kausalem Erklären, auf eine Rationalisierung des Verstehens, könnte man sagen, die er mit Hilfe einer »objektiven Richtigkeitsrationalität« bzw. mit Hilfe eines dem sinnhaft Verstehbaren noch zu Grunde liegenden Idealtypus zu leisten versuchte. Max Weber unterstrich insbesondere die Objektivität der Sinnzusammenhänge zweckrationalen Handelns.

Gleichwohl fand diese Einsicht in den methodologischen Dualismus der Humanwissenschaften lange keinen Eingang in deren epistemologischen Corpus. Vielmehr traf bereits diesen zwischen den Methoden vermittelnden sozialwissenschaftlichen Ansatz Rickerts und Max Webers das Verdikt des einheitswissenschaftlichen Paradigmas des logischen Positivismus. Dialogisches Verstehen, wie hermeneutische Einfühlung in den Anderen überhaupt, ist »nur«, so die alte »Tasse-Kaffee-Theorie« des

---

5 Kritisch zu Rickerts Unterscheidung von Idiographik und Nomothetik äußert sich Habermas, 1968/1973, S. 101 f., Anm. 145; vgl. auch Warsitz, 1990, S. 46–50; Warsitz, 1987, S. 214 f.

Box 3

Jürgen Habermas (*1929)

gehört zu den weltweit meistrezipierten Philosophen und Soziologen der Gegenwart. Er steht in der Tradition der Sozialphilosophie resp. der Kritischen Theorie der Frankfurter Schule (Th. W. Adorno, M. Horkheimer, K. O. Apel, J. Habermas, A. Honneth), die er in charakteristischer Weise universalpragmatisch resp. sprachtheoretisch transformiert hat im Sinne einer kommunikationstheoretischen Theorie der Gesellschaft. Er hat sich zunächst mit der Philosophie und Methodologie der Sozialwissenschaften und der Kritik des Szientismus bzw. der funktionalistischen Vernunft (Positivismusstreit in der deutschen Soziologie) beschäftigt. Darin verband er den historischen Materialismus von Karl Marx mit dem amerikanischen Pragmatismus von Ch. S. Peirce und G. H. Mead, der Entwicklungspsychologie von J. Piaget und L. Kohlberg sowie der Psychoanalyse von S. Freud. Diese Phase seines Denkens zielte auf eine Kritik der bürgerlichen Gesellschaft mit dem Postulat einer Rehabilitierung der kritischen Öffentlichkeit sowie auf das Postulat einer kritischen Hermeneutik, die das Erkenntnisinteresse nach Selbstreflexion und Emanzipation von naturwüchsigem Zwang als sozialwissenschaftliche Ideologiekritik und Psychoanalyse einzulösen bestrebt war.

Seit den 80er Jahren des 20. Jahrhunderts hat er eine Diskurstheorie der Ethik und des Rechts entwickelt. Mit dem »linguistic turn« der analytischen Philosophie transformierte Habermas seine Erkenntnis- und Gesellschaftstheorie in Richtung einer sprachpragmatischen Erkenntnistheorie, einer »Konsensus-Theorie der Wahrheit« und einer kommunikationstheoretischen Kulturtheorie. Dieses Projekt versteht er nun als »Nachmetaphysisches Denken«: Es ist bestrebt, zur »Versöhnung der mit sich selbst zerfallenen Moderne« beizutragen. Habermas greift in diesem Sinne immer wieder in die Diskurse um das »unvollendete Projekt der Moderne« ein in Gestalt von Einsprüchen in gesellschaftspolitische Debatten, wie z. B. um die Eugenik resp. Genethik, den Diskurs um die Anthropotechniken, die Neurowissenschaften, das Verhältnis von Gehirnforschung und Willensfreiheit sowie in die Auseinandersetzungen um die Rolle der Religion in der

Spätmoderne. Schließlich hat er sich mit anderen zeitgenössischen Intellektuellen engagiert für eine Verfassung Europas, die ein »höherstufiges politisches Gemeinwesen« als einen »entscheidenden Schritt auf dem Weg zu einer politisch verfassten Weltgesellschaft« zu begründen bestrebt ist.

Hauptwerke:
Strukturwandel der Öffentlichkeit. Untersuchungen zu einer Kategorie der bürgerlichen Gesellschaft. Neuwied: Luchterhand, 1962.
Theorie und Praxis. Sozialphilosophische Studien. Neuwied: Luchterhand, 1963.
Erkenntnis und Interesse. (Mit einem neuen Nachwort). Frankfurt am Main: Suhrkamp, 1994.
Technik und Wissenschaft als »Ideologie«. Frankfurt am Main: Suhrkamp, 1968.
Zur Logik der Sozialwissenschaften (1967,5., erw. Aufl.). Frankfurt am Main: Suhrkamp, 1970.
Theorie des kommunikativen Handelns. (2 Bd.) Frankfurt am Main: Suhrkamp, 1981.
Erläuterungen zur Diskursethik. Frankfurt am Main: Suhrkamp, 1991.
Faktizität und Geltung. Beiträge zur Diskurstheorie des Rechts und des demokratischen Rechtsstaates. Frankfurt am Main: Suhrkamp, 1992.
Die Zukunft der menschlichen Natur. Auf dem Weg zu einer liberalen Eugenik? Frankfurt am Main: Suhrkamp, 2001.

Verstehens (nach Otto Neurath), heuristisch bedeutsam zur Auffindung des letztlich stets bindenden Kausalzusammenhangs im Rahmen der »eigentlichen« (real-)wissenschaftlichen Forschung: Die Relativierung der Bedeutung des Verstehens als bloß heuristisches Neuroenhancement für den objektivierenden Forscher oder auch als vorwissenschaftliche poetische Tätigkeit:

> »Er [Max Weber, d. Verf.], bemüht sich, wie Rickert die Spaltung im Wissenschaftsbetrieb durchzuführen, durch die die universale Verknüpfung *aller* Gesetzmäßigkeiten, deren die Realwissenschaften bei ihren Prognosen bedürfen, unmöglich wird. Bei Weber tritt das einfühlende Sich Versenken immer wieder an die Stelle der Wissenschaft. Für diese poetische Tätigkeit gibt es keine Kontrolle; sie gehört aber auch nicht in die wissenschaftliche Darstellung. Von Dilthey führt der Weg über Windelband und Rickert zu Weber, der sich seiner Einstellung klar bewußt ist. [...] Einfühlen, Verstehen und Ähnliches mag den Forscher fördern, es geht aber in die Aussagengesamtheit der Wissenschaft

ebenso wenig ein wie ein guter Kaffee, der den Gelehrten bei seiner Arbeit förderte. Wenn jemand behauptet, er könne gewisse geschichtliche Abläufe nur ›einfühlend‹ voraussagen, so müßte man ihn fragen, worauf er seine Einfühlung gründe. Kann er das angeben, d. h. kann er auf kontrollierbare Daten hinweisen, aus denen er zu seiner Einfühlung kommt, um von dieser Einfühlung aus zu seinen Voraussagen vorzudringen, dann kann man diese Voraussagen über einen Ablauf auch *unmittelbar aus den erwähnten Daten* ableiten. Das ist *rein logisch klar*: folgt Y aus X und Z aus Y, dann folgt unmittelbar Z aus X« (Neurath, 1931, S. 463 f.; vgl. Warsitz, 1990, S. 153 ff. und S. 252 ff.).

Diese Rationalisierung des Verstehens und der Begriff eines erklärenden Verstehens bei Max Weber nehmen bereits das dann in der dritten Phase der Erklärens-Verstehens-Kontroverse (nach K. O. Apel) unter dem Einfluss der sprachanalytischen Philosophie und des Postwittgensteinianismus elaborierte Konzept eines »New Dualism« von Verstehen und Erklären vorweg (Apel, 1979, Kap. II und III; vgl. Apel et al., 1978).

Die Differenz zwischen Diltheys Psychologismus und dem Rationalismus des Heidelberger Neukantianismus und Max Webers verstehender Soziologie versuchte nun der Psychiater und Philosoph Karl Jaspers in seinem Begriff der »verstehenden Psychologie«[6] zu überbrücken, in dem er die Ansätze von Dilthey, Windelband/Rickert und Max Weber zusammenführte und subjektive Ursachen und objektivierende Bestätigungen durch zusätzliche empirische Überprüfungen methodisch differenzierte, dabei aber der Evidenz eines gemeinsam erlebten, aber individuellen Lebenszusammenhangs als letztem Sinnkriterium des Verstehens den Primat einräumte vor der objektivierenden Überprüfung der Wirklichkeit eines verstehbaren Zusammenhangs (Jaspers, 1919/1946). Als Jaspers nun diesen Begriff des psychologischen Verstehens als die eine grundlegende Methode der Psychopathologie gegenüber den erklärenden Ansätzen naturwissenschaftlicher Provenienz als ihrem Pendant elaborierte und so einen (gegenüber Diltheys eher gegenstandsorientiertem Dualismus von Verstehen und Erklären) methodischen Dualismus begründete, stieß er auf die Psychoanalyse S. Freuds, der er – beim Versuch einer Erklärung neurotischer Mechanismen und ihrer Behand-

---

6 Dilthey selbst sprach nicht von »verstehender Psychologie«, diesen Terminus verdanken wir Karl Jaspers (vgl. Warsitz, 1985, S. 22).

lung allein über sprachliche Interaktion – ein grundlegendes Missverständnis in der Interpretation subjektiver und objektiver seelischer Gehalte vorwarf, ein szientistisches Selbstmissverständnis bezüglich ihrer Funktion als verstehender oder erklärender wissenschaftlicher Methode (dies wird weiter unten noch weiter zu elaborieren sein; vgl. Warsitz, 1987, 1990).

(2) In der zweiten Phase der Erklärens-Verstehens-Kontroverse nach K. O. Apel kommt die methodologische Antwort eines *einheits- bzw. realwissenschaftlichen Entwurfs* von Wissenschaft (»science«) überhaupt, die dem von Dilthey und dem Neukantianismus elaborierten Verstehen als Methode wissenschaftlicher Erkenntnis den Boden zu entziehen versuchte, indem sie – wie schon O. Neurath (s. oben) – Einfühlung, Verstehen und Evidenz als Wege zur wissenschaftlichen Erkenntnis lediglich noch als Heuristik ohne wissenschaftlichen Erkenntniswert zuließ, als mehr oder weniger zufällige Antezedenzbedingungen einer Hypothesengenerierung, die aber zu ihrer Begründung notwendigerweise einer deduktiv-nomologischen Überprüfung unterzogen werden müssten, sollten sie denn als wissenschaftlich korrekt gelten können (Hempel, Oppenheim, der frühe Popper). Das einheitswissenschaftliche Paradigma wissenschaftlicher Erkenntnis wurde dann als deduktiv-nomologisches Schema der Prüfung einer Hypothese mit Hilfe der Antezedenzbedingungen auf eine daraus gewonnene Prognose (Hempel-Oppenheim-(HO-)Schema der wissenschaftlichen Erklärung) als einzig zulässige Form einer realwissenschaftlichen Begründung elaboriert. Hierbei ist noch eine weitere Einschränkung von Bedeutung, die Popper im Hinblick auf Hans Reichenbachs Unterscheidung von Entdeckungs- (context of discovery) und Rechtfertigungszusammenhang (context of justification) bzw. von Genesis und Geltung anführte: die Geltung/Rechtfertigung oder auch der Wahrheitsanspruch bzw. die Begründung einer wissenschaftlichen Hypothese ist unabhängig von ihrer Genese (Entdeckungszusammenhang) und auch nur unabhängig von ihr zu überprüfen – eben im deduktiv-nomologischen Schema der Kausalität. Der Entdeckungszusammenhang ist lediglich von heuristischem Wert (Mittelstraß, 2004, Bd. 1, S. 549 f., Bd. 3, S. 510 f.).

Box 4

Das Hempel-Oppenheim-(HO-)Schema zur Theorie der wissenschaftlichen Erklärung

Der Mathematiker und Philosoph Carl Gustav Hempel (1905–1997) und der Naturwissenschaftler und Philosoph Paul Oppenheim (1885–1977) haben 1948 ein Modell der wissenschaftlichen Erklärung eines Kausalzusammenhangs mittels natürlicher Sprache mittels des logischen Schlussverfahrens (Ursache-Wirkungs-Zusammenhangs) eines zu erschließenden Satzes (explanandum) aus einem Gesetzeszusammenhang und spezifischen Randbedingungen (Hempel-Oppenheim-(HO-)Modell oder deduktiv-nomologisches (DN-)Modell entwickelt. Mit dem HO-Schema lassen sich sowohl allgemeine Gesetzmäßigkeiten als auch einzelne sprachlich beschreibbare Ereignisse erklären. Es besteht aus zwei Teilen, dem Explanandum als dem durch logisches Schließen zu erklärenden Satz und dem Explanans als der Erklärung, die sich aus allgemeinen Gesetzesaussagen und (empirischen) Randbedingungen (Antezedensaussagen) als Prämissen zusammensetzt. Die Grundstruktur des Schemas ist seit dem 19. Jahrhundert bekannt und wurde von Karl Popper 1935 in seiner »Logik der Forschung« aufgegriffen und seither von zahlreichen Autoren insbesondere in den sich naturwissenschaftlich verstehenden Disziplinen verwendet.

Über den Begriff »Kausalgesetz« wird der Begriff »kausale Erklärung« und mit seiner Hilfe der Begriff »Ursache« definiert: Als Ursache für einen Sachverhalt bezeichnen wir die Gesamtheit der hinreichenden Anfangsbedingungen, auf die sich eine adäquate wissenschaftliche Kausalerklärung des Sachverhalts bezieht. Kausalerklärung nennen wir eine wissenschaftliche Erklärung, in der nur wissenschaftlich akzeptierte empirische Kausalgesetze vorkommen.

Ein Kausalgesetz ist eine Gesetzesaussage mit folgenden Eigenschaften: Sie ist deterministisch, sie ist ein Sukzessionsgesetz, sie ist quantitativ formuliert, sie ist ein Nahwirkungsgesetz, sie ist ein Mikrogesetz, sie bezieht sich auf homogene und isotrope Raum-Zeit-

Strukturen und sie bezieht sich auf Strukturen, in denen fundamentale Erhaltungssätze gelten.

Das Kausalprinzip beinhaltet dann die These, dass es zu jedem Ereignis eine adäquate wissenschaftliche Kausalerklärung gibt. Problematisch an dieser Definitionskette ist die logische Gleichstellung heterogener Ereignisse, etwa von Naturereignissen oder sozialen Handlungen bzw. historischen Ereignissen. Da die Liste der Merkmale des Kausalgesetzes offen ist bzw. erweitert werden könnte, haftet der Definition des Begriffs »Kausalgesetz« etwas Willkürliches an. Schließlich ist nicht klar, ob der Begriff des Kausalgesetzes und der auf ihm fußende Begriff der Kausalerklärung nicht viel zu anspruchsvoll und zu eng sind. Dann hätte man die Begriffe »kausale Erklärung«, »Ursache« und »Wirkung« zwar exakt, aber inadäquat definiert.

Literatur

Artikel »Ursache/Wirkung«. In J. Ritter et al. (Hg.): *Historisches Wörterbuch der Philosophie* (Bd. 11, S. 403–412). Darmstadt: Wissenschaftliche Buchgesellschaft, 2001.

Dieses kausalistische bzw. methodenmonistische HO-Paradigma tat sich nun aber selbst schwer, für die vielfältigen geistes-, sozial- und naturwissenschaftlichen Fragestellungen eine angemessene Methodologie zu liefern. So erwies es sich erneut (vgl. schon die Diskussion in der Historismus-Debatte der ersten Phase) als schwierig, historische Ereignisse und in die Zukunft gerichtete Prognosen im Bereich der historischen und der Sozialwissenschaften mit dem kausalistischen Methodenmonismus zu fassen – so die Kritik des kanadischen Geschichtsphilosophen W. Dray (zit. nach Apel, 1979, S. 54 ff.; ▸ Box 5).

Box 5

Teleologie/Handlungstheorie

(von griech. τέλος Ende, Ziel, Zweck, und λόγος Lehre) meint im engeren Sinne (nach Aristoteles) die Betrachtung menschlicher Praxis vom Ziel her oder gar das kluge Beurteilen praxisrelevanter Umstände nach ihrer Zweckdienlichkeit, im weiteren Sinne die Übertragung der Zweck-Mittel-Begrifflichkeit auf Bereiche außerhalb menschlicher, freier (z. B. göttlicher) Willenssetzungen und umgekehrt das Verstehen menschlichen Zielhandelns von einem universalen Zweck- oder Sinngeschehen (der Natur, des animalischen Instinktverhaltens, des Kosmos insgesamt) her.

Die engere Verwendung von Teleologie als Zweckhaftigkeit (Finalursache, causa finalis) der menschlichen und das heißt sozialen Handlungen (Praxis) steht im Gegensatz zu ihrer Betrachtung als kausal bedingt (Wirkursache, causa efficiens) (▶ Box 4 Hempel-Oppenheim-Schema).

Die Geschichte des Begriffs ist gekennzeichnet von einem Schwanken zwischen teleophilen und teleophoben Ansätzen, zwischen Teleologen und Antiteleologen in der Verwendungsweise in immer wieder aufflammenden (naturphilosophischen, theologischen, kosmologischen, evolutionstheoretischen) Kontroversen.

Nach W. Dilthey lassen sich die Geisteswissenschaften durch ihre immanente Zweckmäßigkeit des Seelenlebens charakterisieren, die (nach A. Lorenzer) beim psychoanalytischen Sinnverstehen der unbewussten Zielstrebigkeit entspricht. Diese »Teleodynamik« der Seele und der Wissenschaften weitet die Verwendungsweise der Teleologie nun wiederum auf die Zweckkausalität der Natur aus im Sinne einer Heterogonie der Zwecke schon beim Individuum, dann auf die metaphysische Annahme dem Menschen vorgegebener Zwecke, so dass schon der junge F. Nietzsche die »Beseitigung der Teleologie« fordert, weil sie das Individuum in fremde Zwecke und Moralen einspanne und von Mangel an historischem Sinn zeuge. Ähnlich greift N. Luhmann die neuzeitliche Kritik an der alten Teleologie auf, welche »die Zukunft [...] durch vorgegebene wahre Zwecke verstopft« habe. Luhmann postulierte eine »offenen Teleologie« der subjektivierten »Zweckvorstellung« in allen Humanwissenschaften, die deren jeweils spezifische Entelechie rekonstruiert (zit. n. Art. »Teleologie/teleol.« in J. Ritter et al., 1998, S. 975).

In den Handlungswissenschaften (etwa Soziologie, Geschichtswissenschaften) werden soziale Interaktionen sowohl kausal als auch intentional (teleologisch) erklärt (▶ Box 6). Dabei werden unser Wissen über Handlungen und deren Folgen in die Beschreibung einbezogen, ebenso wie die bewussten Absichten unserer Handlung (Direktive oder Normen, Imperative, Wünsche oder Intentionen). Die analytische Handlungstheorie untersucht nun, ob sich diese verschiedenen Formen aufeinander zurückführen lassen, z. B. Wünsche auf Absichten und Absichten auf an sich selbst adressierte Imperative, bzw. ob Wünsche, Ziele oder Normen kollidieren können und daher jeweils verschiedene Wege zu einem Ziel gegeneinander abgewogen werden können.

Literatur

Artikel »Teleologie/teleologisch«. In J. Ritter et al. (Hg.): *Historisches Wörterbuch der Philosophie* (Bd. 10, S. 970–977). Darmstadt: Wissenschaftliche Buchgesellschaft, 1998.
Artikel »praktischer Schluss«. In J. Ritter et al. (Hg.): *Historisches Wörterbuch der Philosophie* (Bd. 8, S. 1311 ff.). Darmstadt: Wissenschaftliche Buchgesellschaft, 1992.

Die Diskussion zwischen Dray und Hempel um die Form historischer Erklärungen offenbarte eine Schwachstelle des kausalistischen Dispositivs, welches beanspruchte, auch individuelle Handlungen oder historische Ereignisse in der Sprache verallgemeinernder gesetzesgestützter (eben deduktiv-nomologischer) Erklärungen zu erfassen. Intentionales Handlungsverstehen bzw. teleologische Erklärungen von Handlungen aus Motiven (causa finalis) lassen sich nur um den Preis eines kausalistischen Reduktionismus ins HO-Schema wissenschaftlicher Erklärungen pressen. Rationale Ereigniserklärungen, wie sie für naturwissenschaftliche Zusammenhänge gefordert werden (im Sinne deduktiv-nomologischer Anwendungen), sind deshalb nicht – wie W. Dray feststellte – mit rationalen Handlungserklärungen z. B. historischer Ereignisse verknüpft, weil sie nicht falsifizierbar sind – im Sinne des Popper'schen Fallibilismuspostulats wissenschaftlicher Erklärungen. Nun hat K. R. Popper selbst konzediert, dass geschichtlich relevante Handlungsereignisse nicht »Gegenstand von möglichen *Voraussagen* bzw. von sie ermöglichenden *nomologischen Theorien* sind, sondern Gegenstand des ›ex-post-Verstehens‹ sein können« (Popper, 1957, 1965, zit. n. Apel, 1979, S. 53). Hier konvergieren W. Dray und K. R. Popper in analogen Argumentationen, die eine Revision des methodischen Solipsismus des klassischen logischen Positivismus erfordern und im Postulat vermittelnder methodologischer Konzepte kulminieren (»durch Verstehen vermittelte quasi-nomologische Erklärungen«, Apel, 1979, S. 54). Hier differenziert sich der Erklärensbegriff, und er tut es in der 2. Phase der Erklärens-Verstehens-Kontroverse umso mehr, als nun alternative Wege des Weltverständnisses zu heterogenen Topoi von Erklärungen führen (Intentions-Verstehen, praktische Schlüsse/Syllogismoi, teleologische Erklärungen; Apel, 1979, S. 55 f.) (▶ Box 6).

In der zweiten Hälfte des 20. Jahrhunderts wiederholte sich der Methodenstreit um die wissenschaftlichen Begründungsformen erneut in der Soziologie (Popper, Albert, Adorno, Habermas u. a.) und der Diskurs um die Epistemologie der Wissenschaften differenzierte sich weiter (J. Habermas, K. O. Apel, M. Riedel), während sich die akademische Psychologie von diesen sozial- und kulturwissenschaftlichen Entwicklungen auffallend fernhielt und überwiegend am einheitswissenschaftlichen Paradigma des Methodenmonismus festhielt.

Box 6

Abduktion

Als Abduktion bzw. »praktischen Syllogismus« bezeichnen wir (nach Ch. S. Peirce 1866) ein logisches Schlussverfahren, bei dem nicht – wie beim deduktiven Syllogismus – von der Regel *(major)* und dem Fall *(minor)* auf das Resultat *(conclusio)* geschlossen wird und auch nicht – wie beim induktiven Syllogismus – von dem Fall und dem Resultat auf die Regel, sondern bei dem der Schluss vom Resultat und der Regel auf den Fall gezogen wird.

Deduktiver Schluss: Alle Bohnen aus diesem Sack sind weiß *(major* – Regel), diese Bohnen sind aus diesem Sack *(minor* – Fall), also sind diese Bohnen weiß (Resultat – *conclusio*)

Induktiver Schluss: Diese Bohnen sind aus diesem Sack (Fall), diese Bohnen sind weiß (Resultat), alle Bohnen aus diesem Sack sind weiß (Regel)

Abduktiver Schluss: Diese Bohnen sind weiß (Resultat), alle Bohnen aus diesem Sack sind weiß (Regel), also sind diese Bohnen aus diesem Sack (Fall).

Offenkundig liegen die drei Schlussverfahren logisch nicht auf demselben Stringenzniveau. Allein das analytisch deduktive Schließen erlaubt eine logisch zwingende Konklusion aus den Prämissen – die aber auch nur bis zum Nachweis eines gegenteiligen Befundes gilt. Bei Induktion und Abduktion ist der Schlusssatz nur mit einer gewissen Wahrscheinlichkeit begründet, dafür gelten diese aber als synthetisch (erkenntniserweiternd); sie gehören der »logic of discovery« an und unterscheiden sich voneinander dadurch, dass wir *induktiv* »vom Partikulären auf das allgemeine Gesetz«, »von einer Reihe von Tatsachen auf eine andere Reihe ähnlicher Tatsachen« schließen, *abduktiv* dagegen »von der Wirkung auf die Ursache«, »von Tatsachen einer Art auf Tatsachen anderer Art«. Die Abduktion wird faktisch bei jeder wissenschaftlichen Hypothesenbildung angewandt. Die allgemeine Gesetzesaussage ist hier »entweder bereits als gültig anerkannt, so dass sie zur Erklärung des vorliegenden Phänomens lediglich herangezogen wird, oder aber sie muss erst innovatorisch gewonnen werden. In diesem Fall ist die Annahme der allgemeinen Regel aber schon ein Induktionsschluss, wobei die in der Regel mitgenannten Anfangsbedingungen wiederum bereits einen Abduktions-Schluss voraussetzen. Nach Peirce ist der hier auftretende Zirkel im Falle synthetischen Schließens legitim, kein »vitiosus«, sondern ein »circulus fructuosus«; dies rechtfertigt methodologisch den hermeneutischen »Zirkel des Verstehens«. »Abduktion« nennen wir auch den »praktischen Syllogismus«, weil er im Pragmatismus nach Ch. S. Peirce (bzw. Aristoteles) zur Erklärung sozial-praktischer (im Gegensatz zu poietisch-herstellenden) Handlungsformen verwendet wird. Abduktion (praktischer Syllogismus) wird daher vor allem als Erklärungstyp von historischen Ereignissen und bei der Handlungs-Erklärung sozialer Situationen in den Human- und Kulturwissenschaften verwendet.

Literatur

Artikel »Abduktion«. In J. Ritter et al. (Hg.) *Historisches Wörterbuch der Philosophie* (Bd. 1, S. 148–152). Darmstadt: Wissenschaftliche Buchgesellschaft, 1971.

(3) In der dritten Phase der Erklärens-Verstehens-Kontroverse nach K. O. Apel, der Phase der Kritik und Selbstkritik des neopositivistischen real-/einheitswissenschaftlichen Paradigmas und zugleich einer einseitig textinterpretativ ausgerichteten Hermeneutik, die das Verstehen seelischer, symbolischer und kultureller Sinnzusammenhänge ebenso streng vom Erklären sinnfreier Naturzusammenhänge trennte, werden die Karten also neu gemischt. Nach dem linguistic turn der neuzeitlichen Philosophie seit den 70er Jahren des vergangenen Jahrhunderts und der Differenzierung des »postwittgensteinianischen«[7] Sprachspielpluralismus wurde nun weniger nach den metaphysischen Eigenheiten der Dinge an sich gefragt, sondern nach den Verwendungsweisen der entsprechenden sprachlichen Kategorien (pragmatistische Wende nach Peirce, Wittgenstein, Apel).

Dabei gewannen auch die erkenntnistheoretisch-epistemologischen Kategorien eine neue Gestalt. Die Tiefenhermeneutik (nach Habermas) vermochte nun den an solchen Sprachspielen rekonstruierten Bedeutungszusammenhang für den psychoanalytischen Prozess zu nutzen, insofern die zunächst privatsprachlich verzerrten oder unverständlich erscheinenden, durch teilnehmenden und eingreifenden Mitvollzug aber austauschbaren (in Übertragung und Gegenübertragung) Bedeutungen rekonstruiert werden können.

Der kausalistische Methodenmonismus eines Monopols des deduktiv-nomologischen Erklärungsschemas für alle Wissenschaften wird infrage gestellt durch einen Pluralismus der Sprachspiele über die Erklärungstopoi, welche von »zwei alternativen Weisen des Welt-Vorverständnisses« ausgehen (Apel, 1979, S. 55). Dadurch wird gerade auch die teleologische Erklärung bzw. das intentionale Handlungsverstehen aus Motiven der abstrakten Erklärung von Naturereignissen gegenübergestellt, da für die Human- und Sozialwissenschaften insbesondere das zuerst genannte Dispositiv einschlägig sei (Anscombe, 1986; von Wright,

---

7 Der späte Wittgenstein hatte die metaphysischen Kategorien der Philosophie nach dem Scheitern des Programms einer strengen Formalisierung der Begriffe in einer »mathesis universalis« transformiert in Kategorien, die sich in einer Pluralität von Sprachspielen durch ihre Verwendung in der Umgangssprache differenzieren ließen. Seine Nachfolger bauten Wittgensteins Sprachphilosophie zu einer grundlegenden Revision der philosophischen Kategorien im Sinne des linguistic turn um (Radnitzky, 1970, 2. ed; von Wright, 1971/1974; Apel, 1979).

Box 7

Charles Sanders Peirce (1839–1914)

war ein US-amerikanischer Mathematiker, Philosoph und Logiker. Er gehört neben William James und John Dewey zu den maßgeblichen Vertretern des amerikanischen Pragmatismus und – neben F. de Saussure – zu den Begründern der modernen Semiotik. Die Semiotik von Peirce ist stärker erkenntnistheoretisch und philosophisch ausgerichtet als die – unabhängig von Peirce entwickelte – linguistische Semiotik (resp. Semiologie) von de Saussure. In der Mathematik/Statistik führte er den Repräsentanztest zur Normalverteilung ein. In der philosophischen Logik hat er den Schlussfolgerungsmodus (Syllogismus) der Abduktion (Hypothese, praktischer Syllogismus) neben der Deduktion und der Induktion eingeführt und die drei Syllogismen in einem erkenntnis- und wissenschaftstheoretischen Begründungskonzept verknüpft. Der Zusammenhang seiner Semiotik und seiner Syllogistik begründete (zusammen mit W. James und Ch. Morris) die philosophische und sozialwissenschaftliche Schule des Pragmatismus (bzw. Pragmatizismus) als »Unendliche Semiose und semiotische Dialogizität«.

Peirce' erkenntnistheoretische Semiotik ist insbesondere als dreiwertige Zeichenlogik von indexikalischem (hinweisartigem), ikonischem (bildhaft-imaginärem) und symbolischem Objektbezug relevant geworden – gerade auch in Verbindung zu anderen Zeichentheorien und zur Psychoanalyse (Lacan, Kristeva). Sie ist darüber hinaus allerdings in mehrfacher Hinsicht triadisch strukturiert (neun Subzeichenklassen): Den Erkenntniskategorien der Erstheit (Möglichkeit), Zweitheit (Existenz) und Drittheit (Gesetz) entsprechen auf der Seite der Repräsentanzen (Repräsentamen nach Peirce) die Quali-Zeichen, die Sini-Zeichen und die Legi-Zeichen, auf der Seite der Objektrelation die Trichotomie von Ikon, Index und Symbol und auf der Seite des Interpretantenbezugs Rhema, Dicent und Argument.

Daraus resultiert der für die Peircesche Semiotik charakteristische praktische Syllogismus (▶ Box 6), der als einziger neue Erkenntnisse im Sinne der »Imagination möglicher Gesetzmäßigkeit« und als »kreativer instinktgeleiteter Prozeß« (Nöth) ermöglicht.

2 Zur Geschichte des Methodenpluralismus in den Wissenschaften

Hauptwerke:
Collected Papers of Charles Sanders Peirce. Bände I-VI hrsg. von Charles Hartshorne und Paul Weiss, 1931–1935; Bände VII-VIII hrsg. von Arthur W. Burks 1958. University Press, Harvard, Cambridge/Mass. 1931–1958
The Essential Peirce. Selected Philosophical Writings, Band 1 (1867–1893) hrsg. von Nathan Houser und Christian Kloesel, Bloomington/Indianapolis 1992,(1893–1913) hrsg. vom Peirce Edition Project, Bloomington/Indianapolis 1998,(Studienausgabe)
Schriften zum Pragmatismus und Pragmatizismus. Hrsg. Von Karl-Otto Apel Frankfurt am Main: Suhrkamp, 1976.

Literatur

Winfried Nöth (2000): *Handbuch der Semiotik.* Stuttgart, Weimar: J. B. Metzler, S. 59–70.

1971/1974). Allerdings gerät auch diese Neuformulierung einer Verbindung von Verstehen und Erklären bzw. die Elaborierung eines erklärenden Verstehens, eines Intentions-Verstehens und eines verstehenden Erklärens von Handlungen aus Motiven als Ursachen (»praktischer Syllogismus«[8] schnell wieder (wie schon bei Max Weber) unter den szientischen Einfluss eines neuen Methodenmonismus einer teleologischen Erklärung, bei der die heterogenen Modi des Sprachspielpluralismus erneut aus dem Blick geraten (vgl. Apel et al., 1978; vgl. auch Schurz, 1990).

Demgegenüber versuchten K. O. Apel selbst (ders. 1978, 1979) und in ähnlicher Weise auch J. Habermas (1968/1973, 1971, 1981) eine Metatheorie für die systematischen Geisteswissenschaften und die Sozialwissenschaften vorzulegen, die dem Anspruch einer »Verschränkung

---

8 Die methodologischen Überlegungen zur Abduktion als einem praktischen Schlussverfahren jenseits von Induktion und Deduktion, bei dem (nach Aristoteles bzw. Ch. S. Peirce) von einem Resultat unter Voraussetzung eines generellen Satzes die erklärende Hypothese vernutet wird. Die Logik der Abduktion ist – entwickelt aus der Semiotik von Ch. S. Peirce – immer wieder für Begründungsfragen der objektiven Hermeneutik und der Psychoanalyse in Anspruch genommen worden. Vgl. Apel, 1979, S. 87 ff.; Habermas, 1968/1973, S. 145 ff.; Hinz, 1991; Kettner, 1998; Wirth, 2000; Kettner, 2012; Warsitz, 2012.

empirisch-analytischer Verfahrensweisen mit Hermeneutik« folgte (Habermas, 1968/1973, S. 323, 1970, S. 95 ff.). Sie sollten mittels einer semiotisch ausgerichteten Metatheorie (▶ Box 8) dem kommunikativen Zugang zu den »Daten« der Wissenschaft, die ja ebenfalls empirisch-analytische Daten sind, ebenso Rechnung tragen wie dem allein sprachanalytisch-kommunikativ erschließbaren und nicht quantitativ beobachtbaren bzw. aus allgemeinen Gesetzen ableitbaren Begründungszusammenhang zwischen sozialen Phänomenen und Verhaltenspathologien. Die Verschränkung der Methoden des Verstehens und Erklärens vollzieht sich hier dadurch, dass auch die wissenschaftliche Erklärung von Naturzusammenhängen einer hermeneutischen (d. h. sprachlich vermittelten) Vorverständigung über die Gegenstände und Zusammenhänge der methodischen Operation bedarf und dass umgekehrt auch das Verstehen seelischer, symbolischer oder kultureller Gehalte ein Moment der Natur in ihnen zu berücksichtigen hat (z. B. körperlich-neurophysiologische Kontexte von seelischen bzw. sprachlichen Prozessen), dessen wissenschaftliche Erforschung auch Erklärenselemente zu berücksichtigen hat. Habermas unterscheidet in diesem Zusammenhang drei Formen von Erkenntnisinteressen (bzw. Sprachspielen nach Wittgenstein), die eine differenzielle Erkenntnismethodologie für die Wissenschaften ermöglichen: Die empirisch-analytischen Wissenschaften verfolgen ein technisches Erkenntnisinteresse, das auf Verwertbarkeit zielt, die historisch-hermeneutischen Wissenschaften ein praktisches Erkenntnisinteresse, das auf Handlungsorientierung und Verständigung zielt, und die kritischen Sozialwissenschaften (nach dem Muster der Psychoanalyse – wie Habermas betont) ein »emanzipatorisches« Erkenntnisinteresse, mittels dessen sich das Subjekt aus

Box 8

Semiotik, Semiologie

(von griech σημειωτική zeichenbetrachtend bzw. σημεῖον Zeichen) ist die allgemeine Wissenschaft von den Zeichen, Zeichensystemen und Zeichenprozessen in Natur und Kultur. Der Begriff bezeichnet in der spätantiken Medizin (bei Galenos von Pegamon) die zur Diagnostik und medizinischen Praxis verwendete Zeichenlehre pathologischer

Phänomene, den »Teil der Medizin, der die Unterschiede und Bedeutungen aller Zeichen betrachtet«, weiterhin auch die Charakteristika der physiognomischen Zeichen des menschlichen Körpers. In der Sprachwissenschaft wird Semiologie in der Neuzeit dann als Begriff für eine Zeichenpraxis, nämlich für die geheime Gestensprache (im Unterschied zur Geheimsprache und -schrift), dann – als »Semantik« – zur Bezeichnung der »science des significations« als allgemeine wissenschaftliche Zeichenpraxis verwendet. I. Kant erwähnt eine »allgemeine natürliche Zeichenlehre (semiotica universalis)« im Sinne einer Lehre von der Menschenkenntnis. Auch bei J. G. Herder findet sich der Begriff als Charakterkunde für den engen Zusammenhang von »Physiologie und Semiologie«.

Das moderne Verständnis von Semiotik und Semiologie gründet sich auf Ch. S. Peirce und F. de Saussure. Peirce definiert den Begriff als die Lehre von der Natur und den fundamentalen Variationen möglicher Zeichengebungen. Ch. W. Morris, der den Begriff zu einer wissenschaftlichen Kategorie elaboriert hat, sieht in ihm einerseits ein Instrument aller Wissenschaften, insofern sie die »Grundlagen für alle speziellen Wissenschaften von den Zeichen, wie der Linguistik, der Logik, der Mathematik, der Rhetorik und der Ästhetik« liefert, andererseits eine differenzielle Kategorie zur Bezeichnung der verschiedenen Sprachqualitäten (Semantik, Syntaktik und Pragmatik). Bei F. de Saussure bezeichnet der von ihm erstmals 1894 verwendete Begriff »sémiologie« die »science générale« der Zeichen, daneben jedoch auch ein besonderes System strukturierter Zeichen. Der Gegenstandsbereich der Semiologie ist bei Saussure begrenzt auf die arbiträren Zeichensysteme (Schrift, Taubstummenalphabet, symbolische Riten, Höflichkeitsformen, militärische Signale usw.). R. Barthes kehrt nun das traditionell angenommene und auch von Saussure vorausgesetzte Verhältnis von Semiologie und Linguistik um, insofern bei ihm nicht mehr die Linguistik ein Teil des Systems der Zeichen ist, sondern die Semiologie zu einem Teil der Linguistik wird.

Literatur

Artikel »Semiotik, Semiologie«. In *Historisches Wörterbuch der Philosophie* (Bd. 9, S. 601–609). Darmstadt: Wissenschaftliche Buchgesellschaft, 1995.

inneren, unbewussten und äußeren soziokulturellen Zwängen zu befreien vermag (Habermas, 1968, 1968/1973): »Die Psychoanalyse ist für uns als das »*einzige* greifbare Beispiel einer *methodisch Selbstreflexion in Anspruch nehmenden Wissenschaft relevant*« (a. a. O., S. 262) – ein Befund, der uns im weiteren noch beschäftigen wird.[9]

Auffälligerweise wurde also im 20. Jahrhundert – mit dem Auftreten der Psychoanalyse S. Freuds – der methodologische Diskurs um das Verstehen und Erklären seelischer, historischer und kultureller Zusammenhänge in den Debatten um die Methodologie der Wissenschaften immer wieder auf die Theorie und Praxis der Psychoanalyse bezogen (z. B. bei Jaspers, Popper, Habermas) – sowohl in Akzeptanz wie auch in Kritik. Der für die Psychoanalyse typische methodische Zugang zum Fremdseelischen bezieht offensichtlich unbewusste Determinanten in das Handeln und das Erleben ein, welche auch für andere psychologische, historische, sozial- und kulturwissenschaftliche Disziplinen essenziell sind und sich in keinerlei Hinsicht subsumieren ließen unter ein methodenmonistisches Wissenschaftsparadigma – sei es geistes- oder naturwissenschaftlicher Art.

Die Subsumption des psychoanalytischen Procedere unter ein ihm fremdes, etwa naturwissenschaftliches Dispositiv bezeichnet Habermas dementsprechend als »szientistisches Selbstmißverständnis«, das er schon in bestimmten Konzeptualisierungen von S. Freud selbst moniert hatte (Habermas, 1968/1973, Kap. 11, S. 300 ff.), das sich aber verschärft auch bei zahlreichen nachfreudschen Epistemologien der Psychoanalyse zeigen wird:

---

9 Bei K. O. Apel nimmt der Begriff der Erkenntnisanthropologie (als Reflexion auf das dialektische Theorie-Praxis-Verhältnis in der sozialen Situation) systematisch die Stelle der Erkenntnisinteressen bei Habermas ein: »Wird […] anerkannt, daß auch eine substantielle Deutung der Welt als geschichtlicher Situation sich stets über die Bewßtseinsreflexion, und darin auch über die jederzeit für jedermann mögliche letzte und höchste Stufe noologischer Reflexion, vermitteln muß, so kann auch umgekehrt anerkannt werden, daß das reflexive Bewußtsein des Menschen nur in dem Maße Inhalt gewinnt, als es über leibhafte Praxis, über materiellen Kontakt des Menschen mit der Welt vermittelt« (Apel, 1973, Bd. II, S. 23; diesen Gedanken werden wir im Kapitel 13 wieder aufgreifen).

2 Zur Geschichte des Methodenpluralismus in den Wissenschaften

»[...] unter Szientismus [verstehe ich, d. Verf.] eine Grundeinstellung [...], die bis vor kurzem [geschrieben 1973! d. Verf.] die differenzierteste und einflußreichste Philosophie der Gegenwart, eben die analytische, beherrscht hat: die Einstellung, daß eine wissenschaftliche Philosophie wie die Wissenschaften selber intentione recta verfahren, d. h. ihren Gegenstand vor sich haben muß (und sich seiner nicht etwa reflexiv versichern darf)« (a. a. O., S. 368).

(4) Eine 4. Phase der Erklärens-Verstehens-Kontroverse setzen wir hier hinzu, obwohl sie sich nicht nahtlos in die bisherige begriffsgeschichtliche Rekonstruktion der Methodologie der Humanwissenschaften nach K. O. Apel und J. Habermas einfügt und auch nicht direkt unter dem Dispositiv der Methodologie-Diskussion um Verstehen und Erklären geführt wurde. Parallel zur deutschsprachigen und angloamerikanischen Selbstkritik der Epistemologie der Humanwissenschaften hatte sich in Frankreich unter dem Einfluss der Phänomenologie (E. Husserl, M. Merleau-Ponty, J. Derrida) (▶ **Box 9**) und des Existentialismus (M. Heidegger, M. Merleau-Ponty, J. P. Sartre), des Strukturalismus (C. Levy-Strauss) und der sprachanalytischen bzw. semiotischen, später dann der poststrukturalistischen und dekonstruktiven Wende der neuzeitlichen Philosophie eine weitere radikale Infragestellung des einheitswissenschaftlichen Erklärungsparadigmas des Neopositivismus ereignet (▶ **Box 10**).

Allerdings wurde in dieser französischen Theorieentwicklung die oben ins Zentrum der Epistemologie gerückte Ausweitung der Erklärungsschemata unter Einbeziehung teleologischer Erklärungen und des intentionalen Sinnverstehens hier noch erweitert um die strukturalistische Konzeption einer zirkulären Kausalität (die dem oben erwähnten abduktiven Schlussmodus ähnelt; ▶ **Box 6**).

Auch hier erfolgte eine sprachanalytische Neuformulierung zentraler epistemologischer Kategorien und wissenschaftstheoretischer Dispositive; diese Auseinandersetzung wurde in Frankreich aber weniger um die Dispositive Hermeneutik und/oder Realwissenschaften bzw. um eine Methodologie der Wissenschaften geführt, sondern vielmehr um die Dispositive einer kritischen Theorie des Subjekts bzw. der Alterität des Ich. Diese vorwiegend in Frankreich ausgetragene Ergänzung der methodologischen Diskussion um die Erklärens-Verstehens-Kontroverse fügen wir an dieser Stelle ein, da sie wichtige Voraussetzungen für unsere im Teil 3 gezogene Argumentationslinie einer negativen Anthropologie, einer negativen Semiotik und einer negativen Hermeneutik zur Grundlegung der psychoanalytischen Epistemologie zur Verfügung stellt.

Box 9

Französische Phänomenologie

In Frankreich hat sich um die Mitte des 20. Jahrhunderts herum die Phänomenologie als das Zentrum philosophischen Interesses etabliert. Ausgehend von deutschen phänomenologischen Forschungen, also v. a. von E. Husserl, aber auch von M. Heidegger, hat sich die französische Phänomenologie eigenständig und kreativ weiterentwickelt. Dabei lässt sie sich nicht scharf gegen andere Strömungen der französischen Philosophie der Zeit abgrenzen, ja selbst einzelne Autoren sind nicht nur Phänomenologen. Außerdem wirkt die Phänomenologie stark in Kunst und Literatur hinein und entnimmt den Künsten ihrerseits wesentliche Anregungen. Diese Grenzunschärfe freilich ist nicht eine Schwäche, sondern ihre Stärke. Ab den 1960er Jahren wird die Phänomenologie als Leitidee vom Strukturalismus abgelöst, ohne freilich zu verschwinden.

Die deutsche Rezeption der französischen Phänomenologie wurde durch den Philosophen Bernhard Waldenfels sehr erleichtert und gefördert. Sein Werk »Phänomenologie in Frankreich« (Frankfurt 1983) ist unvermindert empfehlenswert. Die Auswahl der Autoren, die Waldenfels detailliert und kenntnisreich darstellt und interpretiert, mag verblüffen. Waldenfels bezieht sich im Schwerpunkt auf J. P. Sartre, M. Merleau-Ponty, E. Levinas und P. Ricoeur (▶ Box 10). Aber er berücksichtigt auch die intellektuellen Auseinandersetzungen mit anderen Denkrichtungen oder Denkern, u. a. mit Lévi-Strauss, Lacan, Foucault oder Derrida. Diese Auseinandersetzungen werden weitergeführt im späteren Werk »Deutsch-französische Gedankengänge« (Frankfurt 1996).

2 Zur Geschichte des Methodenpluralismus in den Wissenschaften

Box 10

Paul Ricoeur (1913–2005)

Französischer Religionsphilosoph und Hermeneutiker, der ein ausgesprochen breites Oeuvre hinterlassen hat. Im Zentrum seines hermeneutischen Ansatzes steht die Narrativität, das Vermögen zu erzählen, sich selbst erzählend zu entwerfen, die eigene Vergangenheit aus der Erzählung heraus neu zu entwerfen. Anders als H. G. Gadamer war Paul Ricoeur immer neu bereit, sich mit der Psychoanalyse auseinanderzusetzen, v. a. in seinem monumentalen »Essai sur Freud«, aber auch dort, wo es um die Konstitution des Selbst, das sich nicht als Totalität, sondern nur gebrochen erleben kann, geht oder wo die Funktion des Erinnerns in Frage steht. Über die psychoanalytische Konzeption hinaus und in den Bereich der Theologie weist Ricoeurs Steigerung der Erinnerungsarbeit im Begriff des Verzeihens, der gleichwohl ausgesprochen ergiebig für die Psychoanalyse sein kann.

Ricoeur studierte Philosophie in Rennes und in Paris, er unterrichtete Philosophie in Colmar und Lorient, nach dem Krieg in Le Chambon-sur-Lignon. 1948 bis 1957 lehrte er in Straßburg Geschichte der Philosophie. 1950 wurde er an der Sorbonne promoviert, 1957 erhielt er dort den Lehrstuhl für Allgemeine Philosophie. 1966 ging Ricoeur an die neu gegründete Universität Paris-Nanterre, deren Rektor er 1969 wurde. Nach kurzer Lehrtätigkeit an der katholischen Universität Löwen wurde er Lehrstuhlnachfolger Paul Tillichs an der University of Chicago.

Hauptwerke:
Die Interpretation: ein Versuch über Freud (1965), Frankfurt: Suhrkamp, 1974.
Hermeneutik und Psychoanalyse (1969), München: Kösel Verlag, 1984.
Die lebendige Metapher (1975), München: Fink Verlag, 1986.
Zeit und Erzählung, Bd. 1: Zeit und historische Erzählung (1983), München: Fink Verlag, 1988.
Zeit und Erzählung, Bd. 2: Zeit und literarische Erzählung (1984), München: Fink Verlag, 1989.
Zeit und Erzählung, Bd. 3: Die erzählte Zeit (1985), München: Fink Verlag, 1991.
Das Selbst als ein Anderer (1990), München: Fink Verlag, 1996.
Gedächtnis, Geschichte, Vergessen (2000), München: Fink verlag, 2004.
Wege der Anerkennung: Erkennen, Wiedererkennen, Anerkanntsein (2004), Frankfurt: Suhrkamp, 2006.

Box 11

Maurice Merleau-Ponty (1908–1961)

Französischer Philosoph und Phänomenologe. Merleau-Ponty hat den Anspruch der Phänomenologie, die Erfahrungswelt des Menschen, so wie sie ihm erscheint, zu beschreiben, in äußerst differenzierter und neuartiger Weise umgesetzt und damit die Philosophie des 20. Jahrhunderts in der zweiten Hälfte und darüber hinaus bis heute maßgeblich beeinflusst. Dabei widmet er sich zunächst der Phänomenologie des Verhaltens, dann der der Wahrnehmung, um bei einer umfassenden Analyse der Sinnlichkeit anzukommen, die eine grundlegend neue Leibphilosophie ermöglicht hat. Für Merleau-Ponty geht es immer um die Genese der Erfahrung, um die Erfahrung in statu nascendi, also in ihrer Ursprünglichkeit und initialen Dynamik. Sie zu beschreiben, zwingt dazu, die herkömmlichen Subjekt-Objekt-Differenzierungen zu hinterfragen und zu unterlaufen. Leiberfahrung ist nicht einsame Erfahrung des Eigenleibs, sondern eine Erfahrung, die sich sogleich und uranfänglich verbindet mit der Erfahrung des Anderen (Zwischenleiblichkeit). Diese »Synkresie«, diese Verbundenheit der sinnlichen Erfahrung, erweist sich in der Berührung oder im Blick, sie zu berücksichtigen hilft dabei, das künstlerische Ausdrucksvermögen z. B. in der Malerei besser zu erfassen.

Merleau-Ponty wurde 1908 in Rochefort-sur-Mer geboren. In seiner intellektuellen Entwicklung war er zunächst von den Hegelvorlesungen A. Kojèves beeinflusst und wandte sich dem Marxismus zu, von dem er sich später abwandte. Nach ersten Anstellungen als Philosophielehrer in Paris arbeitete Merleau-Ponty zwischen 1949 und 1952 als Professor für Pädagogik an der Sorbonne. Er wurde 1952 als Professor der Philosophie an das berühmte Collège de France berufen. Zwischen 1945 und 1952 wirkte er als Herausgeber der Zeitschrift *Les temps modernes*.

Hauptwerke:
Phänomenologie der Wahrnehmung 1945, Berlin: Walter de Gruyter, 1966.
Die Struktur des Verhaltens 1942, Berlin: Walter de Gruyter, 1976.
Das Auge und der Geist 1961, Felix Meiner Verlag: Hamburg, 2003.
Die Prosa der Welt 1969, München: Fink Verlag, 1993.
Das Sichtbare und das Unsichtbare 1964, München: Fink Verlag 1986.

2 Zur Geschichte des Methodenpluralismus in den Wissenschaften

In Frankreich war im 20. Jahrhundert eine andere Rezeption des deutschen Idealismus, insbesondere Hegels, der Phänomenologie E. Husserls und des Existentialismus M. Heideggers erfolgt, die ebenfalls und dadurch vergleichbar, aber mit doch ganz eigenen Schwerpunktsetzungen gegenüber der deutschen und angloamerikanischen Diskussion, zu einer sprachanalytische Wende führte, welche aber eine stärker strukturalistische Ausprägung erfuhr. Damit war gemeint, dass das Subjekt der Erkenntnis in seiner sprachlichen bzw. semiologischen Verfasstheit zum Untersuchungsgegenstand wurde und insbesondere nach seinen Verlusterfahrungen in der Auseinandersetzung mit seinem Gegenüber, dem signifikanten Anderen, befragt wurde.[10] Während wir oben – in der Rekonstruktion der ersten drei Phasen der Erklärens-Verstehens-Kontroverse – zu einer sprachanalytischen und semiotischen Konzeption eines intersubjektiv sich verständigenden und in wechselseitiger Anerkennung sich generierenden Subjekts gelangt waren (Subjektivität als narrative Identitätserfahrung und als Autonomie des Ich gegenüber dem Anderen), gelangte die französische Diskussion umgekehrt zur Annahme einer radikalen Heteronomie des Subjekts gegenüber dem Anderen und zu einer Vertiefung der Entfremdungsgeschichte. Während die Kritische Theorie des Subjekts und die kommunikative Theorie der Gesellschaft nach Apel und Habermas den klassischen Autonomieanspruch der kantischen Aufklärung erneuerten (jetzt aber in kommunikativer Verständigung des Subjekts mit dem konkreten und allgemeinen Anderen), gelangte die französische Subjektkritik zur gegenteiligen Annahme einer Anerkennung der Verlust- und Spaltungserfahrung des Subjekts – in Anerkennung seiner Alterität bzw. seines vom Anderen her sich manifestierenden kommenden Begehrens des Subjekts der Moderne resp. Postmoderne.

Rudolf Bernet (1996) fasst die moderne Subjekterfahrung als dreifache Form der Selbsttranszendenz, als Verlusterfahrung der klassischen Autonomie des Selbst im Kontakt mit dem Anderen, auf, die in dem Dispositiv der Alterität des Selbst zum Ausdruck kommt. Die Erfahrung

---

10 Vgl. Theunissen, 1977; Waldenfels, 1983; Descombes, 1979/1981; Warsitz, 2004.

des Selbst als ethisches Subjekt führt zu einer Universalität des Verhältnisses von Selbst und Anderem und damit zum Verlust der ungeteilten Individualität (1), das Selbst der Moderne erfährt sich als geteiltes (gespaltenes) Subjekt (2) und es erfährt sich in innerer Differenz zu sich selbst (3). Alle diese drei Aspekte der modernen Selbsterfahrung gehen einher mit einem gewissen Selbstverlust, und darin verbirgt sich eine postmodern revidierte Subjektkonzeption: Sie besteht in der Fähigkeit des Subjekts, den Selbstverlust psychisch, affektiv und mental zu integrieren, zu konzeptualisieren und als melancholische Subjektposition anzuerkennen.

Auch in diesem französischen Diskurs hier spielte die Psychoanalyse von Anbeginn die Rolle eines paradigmatischen Beispiels für eine Revision der klassischen Epistemologie. Die Darstellung dieser vierten Phase der Erklärens-Verstehens-Kontroverse muss an dieser Stelle noch recht kursorisch bleiben, wir werden aber weiter unten die heterogenen Diskurse um die Epistemologie der Psychoanalyse zusammenzuführen versuchen und auf die französischen Ansätze vertiefend eingehen (▶ Kap. 4 Die Psychoanalyse als Hermeneutik und ▶ Kap. 9 Methoden der psychoanalytischen Erkenntnis sowie ▶ Kap. 10 Ziele der psychoanalytischen Kur) bei der Diskussion der Erweiterung der hermeneutischen Verstehens-Konzepte unter Einbeziehung der französischen Wissenschaftskritik und dann im Teil 3 (Prolegomena zu einer dialektischen Methodologie der Psychoanalyse) bei der Revision des spezifischen Kausalitätsbegriffs der Psychoanalyse) diesen Faden wieder aufgreifen.

Das in den skizzierten vier Phasen der Erklärens-Verstehens-Kontroverse aufgefallene Auftauchen der Psychoanalyse als Beispiel eines Wissenschaftstypus, das sich bestätigend oder abgrenzend für die geschilderten epistemologischen Fragestellungen verwenden lässt, wird uns im Folgenden weiter beschäftigen.

2 Zur Geschichte des Methodenpluralismus in den Wissenschaften

Zusammenfassung

Wir haben in diesem Kapitel anhand von insgesamt 4 Phasen die Entwicklung der wissenschaftstheoretischen Kontroverse um das Erklären und Verstehen dargestellt. Mit dem Namen von Wilhelm Dilthey verbunden ist der Dualismus der Wissenschaften, die sich in die verstehenden Geisteswissenschaften und die erklärenden Naturwissenschaften teilen. Gegen sie wendet sich der Entwurf einer Einheitswissenschaft: Wissenschaftliche Erkenntnis ist nur im Rahmen einer deduktiv-nomologisch vorgehenden Wissenschaft denkbar; alle anderen Erkenntniswege sind bloß Vorstufen einer wissenschaftlichen Erkenntnis. Doch kann nicht übersehen werden, dass dieser Methodenmonismus viele Befunde der Psychologie und der Sozialwissenschaften systematisch entwertet oder sogar ignoriert. Daher wird an der Überbrückung des Dualismus im Folgenden weiter gearbeitet, mit dem Ziel, der einheitswissenschaftlichen Reduktion zu entgehen. So zeigt sich, dass auch der Naturwissenschaftler mit Texten arbeitet, ebenso wie der Kulturwissenschaftler die Einflussfaktoren eines nur erklärbaren Naturzusammenhangs selbstverständlich berücksichtigt. Schließlich werden die Kausalitätskonzepte ebenso hinterfragt wie die Verstehensmodelle. Kausalität im Strukturalismus wird als zirkulärer Prozess verstanden. Verstehen lässt sich nicht nur und allein auf das Verstehen von Texten beschränken, wie in der klassischen Hermeneutik. Durch diese kritische Aufweichung der dualistischen Positionen ist der Boden für eine nicht in die Dichotomie von Verstehen und Erklären zwingend adaptierbare wissenschaftstheoretische Position vorbereitet, der für die Psychoanalyse fruchtbar zu machen ist.

3 Psychoanalyse als Naturwissenschaft der Seele: Die Wahrheit der psychoanalytischen Erkenntnis und das naturwissenschaftliche Paradigma

Einführung

Nun gilt es, die wissenschaftstheoretische Diskussion wieder auf die Psychoanalyse zurückzubeziehen. Dies wird in zwei Schritten geschehen. Im nun folgenden Kapitel wird es zunächst einmal darum gehen, das naturwissenschaftliche Paradigma als Begründung der Wissenschaftlichkeit der Psychoanalyse durchzuspielen und zugleich kritisch zu reflektieren. Wir werden in zwei Schritten vorgehen. Zunächst wird erneut die Position des Wissenschaftstheoretikers Adolf Grünbaum vorgestellt und kritisiert. Im zweiten Schritt wird es darum gehen, den Status der neurowissenschaftlichen Forschung im Kontext der wissenschaftstheoretischen Diskussion zu bestimmen.

Lernziele

- Die Kritik an der psychoanalytischen Erkenntnis aus der Sicht der experimentellen Naturwissenschaft nachzuvollziehen
- Zwischen Online- und Offline-Forschung zu unterscheiden
- Die Möglichkeiten und Grenzen der Zusammenarbeit zwischen Neurowissenschaften und Psychoanalyse zu benennen
- Die Angemessenheit oder Unangemessenheit der psychoanalytischen-Erfahrung zu einem positivistischen Wissenschaftsansatz zu verstehen

3.1 Grünbaums wissenschaftstheoretische Kritik der Psychoanalyse

Freuds Ambivalenz, welchen Status er der Psychoanalyse als Wissenschaft zuschreiben sollte, folgte in der nachfreudschen Ära gelegentlich eine einseitige Festlegung (entweder: die Psychoanalyse ist eine Naturwissenschaft oder: die Psychoanalyse ist eine Geistes- oder Kulturwissenschaft. Eine andere Variante der Vereinseitigung stellt auch die Position dar, die klinische Theorie der Psychoanalyse als Naturwissenschaft (Science) zu begreifen und die Metatheorie der Psychoanalyse als Geisteswissenschaft (oder auch als Weltanschauung oder als Mythos). Dann stellt sich aber die Frage nach deren Kohärenz (▶ Kap. 4).

Wissenschaftsgeschichtlich betrachtet waren dafür die beiden folgenden Motive ausschlaggebend:

- Die Psychoanalyse sollte sich im Kontext der medizinischen Wissenschaften bewähren und von diesen anerkannt werden.
- Sie sollte den Anspruch anmelden können, dass sie kausale Mechanismen seelischer Erkrankungen aufdecken und diese damit wirksam heilen kann.

Das erste Motiv war berufspolitisch brisant, aber theoretisch keine Herausforderung – anders als das zweite Motiv, mit dem wir uns im Folgenden allein befassen wollen. Wenn Kausalität nur im Bereich der Natur herrscht und wenn die Psychoanalyse eine kausale Beeinflussung psychischer Störungen für sich reklamiert, muss sie Naturwissenschaft sein oder aber den Anspruch auf Veränderungen von Kausalzusammenhängen aufgeben. Zur Diskussion steht also der Kausalitätsbegriff bzw. die Frage, ob es nur die Kausalität der Natur und nicht auch die des Schicksals gibt. Die Kausalitätsfrage ist untrennbar verbunden mit der Frage, ob die Dichotomie der Wissenschaften, die Einteilung in Geistes- und Naturwissenschaften also, Bestand hat und auf schlüssigen wissenschaftstheoretischen Grundlagen basiert, und ob die Psychoanalyse nicht gerade das Beispiel einer Wissenschaft darstellt, die diese Dichotomisierung unterläuft (Psychoanalyse als Zwischenwissenschaft) (▶ Kap. 1).

Als Beispiel einer wissenschaftstheoretischen Positionierung der Psychoanalyse, die sich einem Monismus der Kausalität (causa efficiens nach Aristoteles) als einziger Begründung wissenschaftlicher Erkenntnisse[11] verpflichtet und für die Psychoanalyse methodologisch alle anderen Begründungswege ihrer Erfahrung verstellt sieht (und die also der – wie oben skizziert – zweiten Runde der Erklärens-Verstehens-Kontroverse zuzurechnen wäre), wählen wir die Psychoanalyseinterpretation und -kritik des amerikanischen Wissenschaftstheoretikers Adolf Grünbaum. Dies insbesondere wegen der erheblichen Bedeutung, die seine Kritik in den empirisch ausgerichteten psychoanalytischen Forschungszusammenhängen gewonnen hat, zumal er sie über eine umfangreiche Kritik hermeneutischer Zugänge zum psychoanalytischen Prozess (insbesondere von Ricoeur und von Habermas) elaboriert hat (Grünbaum, 1984/1988, 1991; vgl. Tress, 1989; vgl. Thomä & Kächele, 2006, S. 21–27).

Nach Grünbaum erhebt die psychoanalytische Theorie einen Wahrheitsanspruch auf die Geltung ihrer Aussagen, wie jede andere Wissenschaft auch, der entsprechend auch empirisch (experimentell) überprüfbar sein muss, will er als wissenschaftlicher Anspruch anerkannt bleiben. Diesen Wahrheitsanspruch der psychoanalytischen Theorie untersucht Grünbaum nun über die »Übereinstimmung« von klinischen Interpretationen mit dem der Symptombildung zugrunde liegenden biologischen pathogenen Prozess mit Hilfe der therapeutischen Wirksamkeit der entsprechenden Interpretationen. Wenn eine psychoanalytische Interpretation richtig ist, wird sie therapeutisch wirksam sein – sonst nicht. Das ist der Kern des »Übereinstimmungsarguments« (tally-argument) (Grünbaum, 1984/1988, S. 266 ff.). Nun reicht es nicht aus, dass die klinischen Daten zur Bestätigung herangezogen werden. Denn es könnte sich ja ebenso gut um einen Suggestionseffekt und damit um ein klinisches Artefakt handeln. Grünbaum fordert für die wichtigsten psychoanalytischen Hypothesen extra klinische Untersuchungen, die sie bestätigen. »Klinische Daten sind auf jeden Fall tendenziell Artefakte der sich selbst erfüllenden Erwartungen des Analytikers und verlieren dadurch viel an Beweiskraft« (Grünbaum, 1991, S. 31).

---

11 Vgl. Welsch, 2012.

3 Psychoanalyse als Naturwissenschaft der Seele

Grünbaum stellt eine »These der notwendigen Bedingung« auf: Die psychoanalytische Kur muss notwendige Bedingung für die Verbesserung sein, es muss also beweisbar sein, dass nicht Spontanremissionen, sondern spezifische psychoanalytische Verfahrensweisen dazu geführt haben, dass jemand sich verändert oder gesundet.

Habermas argumentiert, so Grünbaum, falsch; er unterstellt fälschlich den Naturwissenschaften ein ahistorisches Verständnis ihres Gegenstandsbereichs – was Grünbaum vehement bestreitet. Daher sei der Nachweis der Geschichtlichkeit in der psychoanalytischen Arbeit kein Argument gegen die naturwissenschaftliche Rekonstruktion der Psychoanalyse. Freud, so Grünbaum weiter, habe zu Recht der Psychoanalyse den Status einer Naturwissenschaft gegeben.

Selbst wenn in dem Rahmen einer Analyse sich die Deutung als effektiv und wirksam erweisen könnte, so beweist der Einzelfall noch nichts. Grünbaum verlangt also auch Verallgemeinerbarkeit. Nach Grünbaum braucht die Psychoanalyse epidemiologische und experimentelle Designs, um die kausale Bedeutung bestimmter Hypothesen oder Vorgehensweisen zu testen.

Fassen wir Grünbaums Argumentation zusammen: Psychoanalyse kann Wahrheitsansprüche nur dann erheben, wenn sie nach einem naturwissenschaftlichen Modell den Nachweis erbringen kann, dass die psychoanalytisch spezifische Arbeit notwendige Bedingung einer Veränderung ist und dieser Zusammenhang generalisierbar ist. Diese Ansprüche lassen sich nur in experimentellen Designs verwirklichen.

Wie triftig ist Grünbaums Kritik? Rasch ist die Kritik in einem Rückzugsgefecht unterlaufen worden, indem der eigene Anspruch der Psychoanalytiker an die Psychoanalyse zurückgenommen worden ist. In diesem Sinn haben Analytiker Grünbaum gegenüber den Anspruch der Psychoanalyse auf die Wahrheit ihrer Erkenntnis bewusst beschränkt auf den Einzelfall, von dem aus nicht zuverlässig extrapoliert werden kann (etwa Caws, in: Grünbaum, 1991, S. 41). Diese Argumentation wirft eine interessante Frage auf. Nehmen wir einmal an, dass in einer Analyse höchst persönliche, nicht verallgemeinerbare Erfahrungen und Probleme verhandelt werden – wohl wissend, dass die Aussage in dieser Form unsinnig ist, weil die Psychoanalyse ja in ihrer Theorie sehr wohl generalisierbare Aussagen macht. Selbst also wenn nur der Einzelfall zählt, so könnte sehr wohl gemessen werden, dass die Einzelfallanalyse, die inhaltlich unvergleichbar ist, durch eine bestimmte Methodik, eben die Analyse, die als Methode generalisierbar ist, regelhaft zu Veränderungen führt. Und diese lassen sich messen. Das führt zu dem nächsten Punkt. Seit dem Zeitpunkt, zu dem Grünbaum seine Kritik geäußert hat, hat die psychoanalytisch-empirische Forschung sich weiterentwickelt.[12] In der Zwischenzeit sind viele Effekte, die die Psychoanalyse erbringt, empirisch erfasst worden. Es sind also die regelhaften Veränderungen, die durch die Kur erzielt werden, gemessen worden.[13] Die Psychoanalyse ist als Verfahren der Wirksamkeitsforschung unterzogen worden wie andere Verfahren auch. Dabei wird eine Konzeption der empirischen Forschung angewendet, die der Psychoanalyse als einem zutiefst verstehenden Verfahren inhaltlich fremd ist. Aber so vorzugehen ist nicht verboten. Wichtig ist nur, diese Differenz der Forschungsmethodik und der Theorie und Praxis der Therapie im Bewusstsein zu bewahren. Hilfreich ist die Unterscheidung, die Ulrich Moser zwischen Offline- und Online-Forschung getroffen hat.[14] Die Offline-Forschung, also die Objektivierung subjektiver Prozesse in der Psychoanalyse von einem Außenstandpunkt aus, der nicht der Standpunkt des Analytikers ist, ist ein Außenstandpunkt, der die subjektiven Prozesse der Analyse zum Gegenstand empirischer Forschung nimmt. Psychotherapieforschung als Offline-Forschung« ist niemals Psychoanalyse, und das ist gut so. Leuzinger-Bohleber hat diese Unterscheidung in mehreren Arbeiten aufgegriffen und spezifiziert für die Beurteilung von Psychotherapieforschungen (Leuzinger-Bohleber, 1995).

---

12 Vgl. dazu Mertens, 2010: »Erst jüngst hat der Wissenschaftsphilosoph Adolph Grünbaum (2006) diese Auffassung erneut mit Nachdruck vertreten, so als sei in der Psychoanalyse niemals positivistisch geforscht worden […] Ich verweise nur auf die mittlerweile acht Bände umfassende Sammlung metaanalytischer Arbeiten zu diversen psychoanalytischen Forschungsgebieten von Masling, Bornstein und anderen, die der sehr belesene Grünbaum eigentlich kennen müsste. Noch in den 1980er Jahren galt die Psychoanalyse als die am häufigsten empirisch untersuchte Theorie des 20. Jahrhunderts« (Mertens, 2010, S. 16).
13 Uns geht es nicht darum, die Ergebnisse dieser Forschung darzustellen; der Leser sei auf die vierbändige Zusammenfassung von Werner & Langenmayr, 2005 verwiesen.
14 Moser, 1991; die Unterscheidung ist in der Psychotherapieforschung vielfach aufgegriffen worden: vgl. Mertens, 1994; Leuzinger-Bohleber, 1995; Thomä & Kächele, 2006, S. 127.

3 Psychoanalyse als Naturwissenschaft der Seele

Nur wenn dieser Unterschied von Offline- und Online-Forschung berücksichtigt wird, kann die nicht aufhebbare Reduktivität der empirischen Offline-Forschung bewusst werden. Die Offline-Forschung erfasst Effekte der Analyse, aber sie ist nicht in der Lage, angemessen zu rekonstruieren, was in der Analyse selbst vor sich geht. Empirische Forschung und Psychoanalyse sind nicht unvereinbar, das Problem liegt andernorts: Empirische Forschung bildet nicht ab, was in der Analyse geschieht.

Indes ist die Psychotherapieforschung als vergleichende Effizienz- und Outcome-Forschung entscheidend wichtig zur Legitimation der Psychoanalyse im Gesundheitssystem, auch für die berufspolitische Positionierung der Psychoanalyse als psychotherapeutische Behandlungsmethode, aber weniger als Grundlagenforschung über den psychoanalytischen Prozess selbst, über die Differenzierung der psychoanalytischen Behandlungsmethode bzw. die Psychoanalyse als eigenständige Wissenschaft.

Am wichtigsten für unseren Zusammenhang ist freilich die These der notwendigen Bedingung. An ihr lässt sich zuspitzend zeigen, wie Forschung und Forschungsgegenstand nicht zueinander in Widerspruch stehen dürfen. Hatten wir bislang gezeigt, dass eine empirische Forschung, die verfahrensfremd vorgeht und Effekte aus einer anderen methodologischen Grundüberzeugung heraus misst, nicht in Widerspruch zum beforschten Verfahren treten muss, so stoßen wir an die Grenze dieser Argumentation gerade dort, wo wir uns mit der »These der notwendigen Bedingung« befassen. Sie geht von einer Elementenkonzeption aus; eine passende und richtige Deutung wäre so ein Element. Diese Deutung bewirkt Effekte, wenn sie richtig ist. Nun muss aber auch klar sein, dass die Effekte durch die Deutung und nur durch diese zustande gekommen sind. Um das nachweisen zu können, müsste es möglich sein, die Elemente zu permutieren, also wirklich eine experimentelle Situation zu schaffen, wo beispielsweise das eine Mal die Deutung gegeben, ein anderes Mal die Deutung vorenthalten wird. Oder es werden an einer bestimmten Stelle der Analyse eine andere und alternative Deutung gegeben und die differenziellen Effekte der Deutung gemessen. Das wäre eine empirisch saubere, experimentelle Bedingung, in der alle Einflussfaktoren konstant gehalten und nur der eine, zu überprüfende Faktor verändert und verglichen werden.

Eine solche Vorgehensweise freilich ist nicht möglich. Sie ist – anders als die Offline-Forschung – nicht mit den Prinzipien der Psychoanalyse vereinbar bzw. ethisch nicht verantwortbar, weil das Verfahren sich schlicht nicht elementaristisch rekonstruieren lässt bzw. eine Deutung, die aus der Verantwortung des Analytikers in der gegebenen Situation notwendig ist, aus Gründen der Forschungslogik nicht »nicht gegeben« werden kann. Sicher, auch Outcome-Erhebungen verändern das Setting. Die eingesetzten Instrumente stellen – unter Umständen sehr gewichtige – Parameter dar. Wenn ein externer Forscher z. B. in regelmäßigen Abständen den Analysanten befragt, wird er zu einem Dritten, der in unterschiedlicher Weise im analytischen Prozess interveniert und dort auch in seinem Einfluss reflektiert werden muss. Je nach den Objektimagines und Phantasievorstellungen des Analysanten wird dieser Dritte unterschiedlich besetzt und gewichtet. Selbstverständlich können solche Dritten, Vierten, Fünften usw. im Bunde für den analytischen Prozess ausgesprochen störend sein. Das ist auch der Grund, warum lange Zeit sehr viele Analytiker sich energisch gegen solche Eingriffe gewehrt haben. Nun, auch wenn sie lästig sind: Sie hebeln, allen hochempfindlichen Reaktionen auf diese ungebetenen Gäste zum Trotz, das Verfahren nicht aus.

Das Gleiche lässt sich nun nicht sagen für die Testung notwendiger Bedingungen. Das wird aus der Darstellung des psychoanalytischen Verfahrens – so hoffen wir – hervorgehen (▶ **Teil 2** dieses Buchs). Wenn es, wie dort gezeigt wird, richtig ist, dass in der Kur die Daten, die bearbeitet werden, in der Begegnung allererst erzeugt werden, dass der Gegenstand der analytischen Erkenntnis also nicht vorab gegeben ist, und dass die Performanz der Beziehung wesentlich ist für das analytische Verstehen, dann ist klar, dass empiristische Verfahren, die aus der Laborforschung kommen, unpassend sind. Es ist nicht Ausdruck irgendeines besonderen Pathos oder gar eines Mystizismus, wenn wir sagen, dass die analytische Beziehung ganzheitlich und unvertauschbar ist. Vielmehr ergibt sich die Aussage aus der Konzeption der Kur selbst. Auf eine ähnliche Problematik werden wir noch bei der Diskussion der psychoanalytischen Einzelfallforschung stoßen, in der ebenfalls die ggf. erheblichen Eingriffe der Forschung in den psychoanalytischen Prozess zu schwierigen Interferenzen zwischen den Desideraten der Forschung und denen der Autonomie des analytischen Prozesses führen können (▶ **Kap. 4**).

An dieser Stelle wiederholen wir nicht das im erwähnten Kapitel Gesagte noch einmal; wir fügen nur als Schlussfolgerung an, dass es wissenschaftstheoretisch unabdingbar ist, die beforschten Verfahren zu kennen, um adäquate Forschung zu betreiben. Der Unterschied zwischen Offline- und Online-Forschung ist also zu erweitern. Offline-Forschung kann und muss in eine Offline-Forschung, die kompatibel mit dem Verfahren ist, und eine Offline-Forschung, die mit ihm unvereinbar ist, unterteilt werden. Aus Prägnanzgründen wollen wir von »offline C« (offline-compatible) und »offline U« (offline-uncompatible) sprechen.

3.2 Neurowissenschaften und ihr Verhältnis zum naturwissenschaftlichen Paradigma

Auch die naturwissenschaftliche Auffassung des Seelischen hat eine Entwicklung genommen, die die Protagonisten des Wissenschaftsstreits um die Psychoanalyse noch nicht bemerkt zu haben scheinen.

Wie den methodologisch reflektierten Neurowissenschaftlern nur allzu bewusst ist, ist die kognitive Neurowissenschaft (noch) nicht aufgrund ihrer Befunde, sondern aufgrund ihrer Modelle kreativ und innovativ. Zu den Befunden ist nur zu sagen: In bisher nur wenig gewürdigtem Ausmaß bestätigen die Befunde Annahmen und Theorien der Psychoanalyse. Als Beispiel sei die Epigenetik genannt, die auf die völlig verpönte Annahme der Vererbung erworbener Eigenschaften zurückkommt, von der Freud ja ausgegangen war. Für die wissenschaftstheoretische Diskussion relevant sind die Modelle selbst; sie sind auf Konvergenz oder Divergenz mit psychoanalytischen Grundannahmen zu untersuchen. So konvergieren etwa die neurowissenschaftlichen und die psychoanalytischen Erinnerungstheorien und die Konzepte der neuronalen Netzwerke und der Neuroplastizität einerseits und der freien Assoziationen andererseits. Die Neurowissenschaft geht nicht mehr von einem Computermodell des Gehirns aus, in dem »software« und »hardware« strikt getrennt sind.

> »Das Funktionieren der grossen Nervenzellverbände ist stattdessen eingebunden in die ständige Wechselwirkung der Person, nicht nur ihres Gehirn, mit ihrer Umgebung. [Dadurch wird] die neurobiologische Modellbildung grosser Neuronenverbände historisiert und kontextualisiert« (Henningsen, 2009, S. 128).

Dieser Aussage schließen wir uns an, freilich mit dem Zusatz, dass es die Modelle sind, die Kontext- und Geschichtsbedingungen in sich aufnehmen, aber sicher nicht das Gehirn. Denn Geschichtlichkeit und personale Kontexte sind Erfahrungsqualitäten des menschlichen Subjekts, nicht der neurobiologischen Substanz (vgl. Hell, 2009; Warsitz, 2009). Die Modelle also müssen notgedrungen »unscharfe«, nicht-experimentelle Bedingungen berücksichtigen. In die Neurowissenschaft selbst zieht auf diese Weise ein konnotatives Denken im Sinne Schüleins ein (Schülein, 1999, S. 207 ff.): Dieser unterscheidet Theorien, die nomologische Sachverhalte behandeln und einem denotativen Ansatz folgen, also Zeichen mit geschlossener Semantik und Grammatik zur Grundlage haben, von den konnotativen Theorien, die mit offenen Kalkülen und Interpretationen operiert. »Theorie muss sich also nicht nur auf das, was immer gilt, sondern auch auf das, das nur hier gilt und was sich auf besondere Weise – subjektiv – entwickelt, einstellen können« (Schülein, 2012b, S. 541). Die Psychoanalyse, die sich mit dem Subjekt befasst, ist auf konnotative Theorien angewiesen; sie kann gleichwohl, wie gerade gezeigt, auf die denotativen Konzepte zurückgreifen, wenn sie mit ihren Grundannahmen kompatibel sind. Jetzt sehen wir, dass die vornehmlich denotativ vorgehenden neurobiologischen Wissenschaften, die ja keineswegs homogen sind, auch und darüber hinaus auf konnotative Modelle angewiesen sind. So sehr es lohnt, die Methodologie der Wissenschaften exakt und in klarer Abgrenzung voneinander zu beschreiben, so falsch wäre es, eine starre Dichotomisierung, also eine starre Zuordnung der Einzelwissenschaften zu bloß einem und nur einem Modell vorzunehmen. Die Epistemologie der Wissenschaften hat keine scharfen Ränder und abgeschotteten Grenzen, sondern ist randunscharf und auf andere Modelle hin durchlässig. Aufgrund dieses Befundes schon verbietet sich eine allzu schlichte Dichotomisierung.

Das Verhältnis von Psychoanalyse und Neurowissenschaften wird sehr unterschiedlich interpretiert. Von einigen Forschern werden die Neurowissenschaften als Legitimationsgaranten und auf diese Weise als legitimatorische Basis der Psychoanalyse gefeiert. Wenn sich – wie dies bei der Entdeckung der Spiegelneurone so kurzschlüssig geschehen ist – die nun wirklich phänomenal eindeutige Eigenschaft der Empathie neurobiologisch bestätigen lässt, erst dann ist sie wahr und in ihrem Vorhandensein ausgewiesen. Andere sehen in den Modellen der Neurowissenschaft neue Paradigmen für die Psychoanalyse heraufziehen.

3 Psychoanalyse als Naturwissenschaft der Seele

Dann sind die Neurowissenschaften Konzeptquellen und Theorielieferanten, wobei die übernommenen Konzepte in irgendeiner unausgewiesenen und undeutlichen Weise als irgendwie besser fundiert dargestellt werden, so als seien sie durch den Durchgang durch die Neurowissenschaften nobilitiert und mit empirischen Wahrheitsweihen versehen. Hierzu gesellt sich rasch eine wissenschaftstheoretische Idealisierung der Neurowissenschaften, so als seien sie nun endlich in der Lage, alte ungelöste philosophische und erkenntnistheoretische Probleme zu lösen. An dieser Spielart des Dialogs zwischen Psychoanalyse und Neurowissenschaften lassen sich die Schwierigkeit bzw. die Tendenz studieren, die unterschiedlichen Erfahrungsebenen der beiden Disziplinen nicht etwa aufeinander zu beziehen, sondern umgekehrt ihre Differenz gerade zu unterlaufen, da insbesondere die Paradoxien des Leib-Seele-Problems auch in ihrer Umformulierung zum Mind-Body-Problem bzw. zum Verhältnis von Embodiment, Neuroplastizität und Epigenetik nicht etwa neu aufgelegt und diskutiert werden, sondern eher unreflektiert weiter geführt und damit zementiert werden.

Die bislang geschilderten Berührungspunkte haben etwas gemeinsam: Egal ob Neurowissenschaft zum Legitimationsgaranten oder Theorielieferanten für Psychoanalyse mutiert, es wird ihr immer ein Superioritätsstandort eingeräumt. Die genannten Formen der Kooperation bauen auf einer Unterwürfigkeit auf, die aus dem seit 20 Jahren andauernden Siegeszug des naturwissenschaftlichen Paradigmas in Psychiatrie und Psychotherapie resultiert. Ganz anders klingt es, wenn vom »Dialog zwischen Psychoanalyse und Neurowissenschaften« die Rede ist. Dieser ist, wie auch sonst der transdisziplinäre Dialog, der in viele Richtungen gehen kann, sinnvoll und notwendig. Dialog setzt gleichberechtigte und gleichwertige Partner voraus. Dann muss sich die Psychoanalyse nicht als gleichsam erkenntnistheoretisch unbehauste Disziplin den Neurowissenschaften andienen, sondern kann auf den eigentümlichen und besonderen Erkenntnisweg vertrauen, der sich nicht einfach reduzieren lässt. Leuzinger-Bohleber empfiehlt, von einem wissenschaftlichen Pluralismus auszugehen und »die Spezifität der psychoanalytischen Wissenschaft mit ihren charakteristischen Forschungsmethoden und ihren spezifischen Prüf- und Wahrheitskriterien im Kanon anderer, ebenso spezifischer Wissenschaften offensiv zu vertreten« (Leuzinger-Bohleber, Rüger, Stuhr & Beutel, 2002, S. 18; vgl. Leuzinger-Bohleber, 2010). Gabbard, Miller und Martinez sprechen analog von einem explanatorischen Dualismus, den man zum Verständnis der schwierigen Beziehung zwischen Psychoanalyse und Neurowissenschaft annehmen müsse. In der aktuellen Diversifizierung und Pluralisierung der Konzepte und Methoden, die nicht mehr epistemologisch aufeinander bezogen sind, erheischen immer neue Dispositive der Neurowissenschaften, Säuglings-, Bindungs- und Mentalisierungsforschung einen Zugang zur psychoanalytischen Epistemologie, wobei die alten Kontroversen um die psychoanalytische Methodologie bloß unbemerkt wiederholt werden, anstatt sie zu erinnern und durchzuarbeiten, z. B. die These vom methodischen Dualismus der psychoanalytischen Erkenntnis:

> »Neurobiologie und psychoanalytische Theorie bedienen sich unterschiedlicher Sprachen, können sich aber wechselseitig bereichern […]. Die vorliegende Untersuchung der Schnittstelle dieser beiden Erklärungsebenen ist ein Beispiel für den […] *explanatorischen Dualismus*. Dieser Dualismus erkennt zwar an, daß die Psyche die Aktivität des Gehirns ist und keine davon getrennte Substanz, unterstreicht aber zugleich die Tatsache, daß es zwei verschiedene Wege der Erkenntnis und des Verstehens gibt, die zwei unterschiedliche Erklärungsebenen voraussetzen« (Gabbard, Miller & Martinez, 2006, S. 182).

Zusammenfassung

Die Psychoanalyse ist als Naturwissenschaft des Seelischen nicht zu rekonstruieren. Indem sie auf das Subjekt, auch und gerade mit seinen selbstverborgenen und unbewussten Anteilen abzielt, ist sie mit der Erfahrung und dem persönlichen Erleben verbunden, mit der eigensinnigen Geschichte des Menschen, die sich niederschlägt in seinen oder ihren Wünschen und Verdrängungen. Eine naturwissenschaftliche Forschungsmethodik ist nicht kombinierbar mit der psychoanalytischen Erfahrung, aber die naturwissenschaftliche Forschung kann sich nicht anmaßen, die psychoanalytische Erfahrung ausreichend oder auch nur annähernd zu erfassen. Wohl aber ist sie in der Lage, Randbedingungen oder Effekte der psychoanalytischen Kur zu überprüfen. Allerdings muss überprüft werden, ob das empirische Forschungsparadigma geeignet ist zu dieser Überprüfung oder den Zugang zur psychoanalytischen Erfahrung vielmehr verstellt. Eine Neuropsychoanalyse gibt es u. E. nicht wirklich; die Psychoanalyse kann den gleichberechtigten Dialog mit den Neurowissenschaften führen, aber sie wird sich nicht in diese integrieren oder mit ihnen verschmelzen.

4 Psychoanalyse als Hermeneutik

> **Einführung**
>
> Wenn die Psychoanalyse als Naturwissenschaft nicht umstandslos zu rekonstruieren ist, so muss nun überprüft werden, wie weit das Verstehensparadigma reicht, wie sehr also die Hermeneutik als die wissenschaftliche Lehre des Verstehens für eine epistemologische Grundlegung der Psychoanalyse dienlich ist. Dabei ist zu beachten, dass die Hermeneutik seit ihren Anfängen nicht stehengeblieben ist. Sie hat den Umfang ihres Gegenstands und dementsprechend auch ihr Methodenrepertoire ausgeweitet. Es gilt also, das hermeneutische Paradigma in seinen am weitesten entwickelten Formen an die Psychoanalyse anzumessen.

Lernziele

- Die Gegenstände eines hermeneutischen Verstehens bestimmen
- Die Entwicklung der Hermeneutik als Verstehenswissenschaft beurteilen können
- Die verändernde Kraft des Verstehens einschätzen zu können
- Die Verbindung von Verstehen und Verändern, von Erkenntnis und Gestaltung zu berücksichtigen

Unbestritten ist, dass die psychoanalytische Praxis auf dem Gespräch beruht und mit Worten arbeitet. Was aber den »Austausch von Worten«, der nach Freud die psychoanalytische Praxis ausmacht, von anderen Gesprächen unterscheidet, das muss herausgearbeitet werden.

Die Methode, das Gespräch oder den Text, Sprache und Schrift, zu untersuchen, ist die Hermeneutik, die Deutungskunst. »Sein, das verstanden werden kann, ist Sprache«, so Hans-Georg Gadamer (1972, S. 478; ▶ Box 12).

Box 12

Hans-Georg Gadamer (1900–2001)

Deutscher Philosoph, ein entscheidend wichtiger Vertreter der philosophischen Hermeneutik, die er auf eine neue theoretische Grundlage gestellt hat. Im Zentrum seiner Lehren steht das Verstehen der Sprache. Dazu die zentrale Aussage: »Sein, das verstanden werden will, ist Sprache.« (Gadamer, 1960, S. 450). Verstehen ist ein zirkulärer, vielfach iterierter Prozess, der den »hermeneutischen Zirkel« durchläuft, in dem jedes Verstehen mit einem Vor-Urteil an die Sache herangeht, sich an ihr abarbeitet und korrigiert, also ein Urteil bildet, das zum Ausgangspunkt des nächsten Vor-Urteils wird. Privilegiertes Mittel des Verstehens ist das Gespräch, der sprachlichen Verständigung traut H. G. Gadamer sehr viel zu. Allerdings ist diese angewiesen auf einen geteilten Überlieferungszusammenhang, im geschichtlichen Verstehen auf die Überbrückung des Zeitabstands.

Die Kritik an Gadamer konzentrierte sich auf die Frage nach den Grenzen sprachlichen Verstehens und damit auf den »Universalitätsanspruch« des Verstehens, den die Hermeneutik Gadamers erhoben hat. Weil die Psychoanalyse die Grenzen der sprachlichen Verständigung untersucht, war Gadamer ihr gegenüber immer sehr skeptisch eingestellt.

Hans-Georg Gadamer wuchs in Breslau auf und machte 1918 das Abitur. Er studierte Germanistik, Geschichte, Kunstgeschichte, Philosophie und Pädagogik an den Universitäten Breslau, Marburg und München. 1929 habilitierte sich Gadamer an der Universität Marburg. 1949 folgte er einer Berufung an die Universität Heidelberg als Nachfolger von Karl Jaspers. Im Jahr 1960 erfolgte die Veröffentlichung von »Wahrheit und Methode«. Auch nach seiner Emeritierung lehrte und wirkte Gadamer noch bis ins hohe Alter.

Wichtige Werke:
Gesammelte Werke. Tübingen: Mohr, 1985–1995 (10 Bände)
Wahrheit und Methode. Grundzüge einer philosophischen Hermeneutik. Tübingen: Mohr, 1960

Solange aber der Austausch von Worten eng an die Funktion des Bewusstseins gebunden wird, kann der psychoanalytische Prozess mit hermeneutischen Mitteln allein nicht mehr beschrieben und rekonstruiert werden. Im Rahmen des sog. Hermeneutikstreits wurde erbittert um die Reichweite des Gesprächs und seine verändernde Kraft gerungen, die Psychoanalyse schließlich als Tiefenhermeneutik eingebunden, um mit der »Tiefe« zugleich die Unbewusstheit als Gegenstand der Hermeneutik zu retten.

Nun hat aber nicht nur die psychoanalytische Theorie, sondern auch die Hermeneutik eine Entwicklung gemacht; eine Hermeneutik, die sich ihrer Grenzen bewusst ist und sich an den Grenzen des Sinns abarbeitet, die gerade ein Interesse daran hat, das Jenseits des Sinns, die Negativität des Sinnentzugs auszuleuchten, hat keine Mühe, sondern allen Anlass, sich mit der Psychoanalyse zu befassen. Umgekehrt bietet eine breit angelegte Verstehenslehre der Psychoanalyse kein Hindernis, sondern wissenschaftstheoretische Chancen – was wiederum nicht heißt, dass die Psychoanalyse umstandslos in den Reigen der hermeneutischen Disziplinen sich einreiht und ihre Spezifität einbüßt. Sie kann aber im Rahmen einer modernen Hermeneutik ihren eigenartigen Verstehensgegenstand und ihre eigenständige Verstehensmethodik angemessen artikulieren (Angehrn, 2010).

4.1 Der philosophische Verstehensbegriff und die Psychoanalyse

Es ist zunächst einmal keine Frage, dass der Analytiker den Analysanten verstehen will. Im Medium des Gesprächs, als Austausch von Worten, vollzieht sich der therapeutische Prozess in der Psychoanalyse. Das Anliegen, das Analysant und Analytiker verbindet, ist es, Sinn dort zu suchen, wo zunächst Leiden oder Verzweiflung an der Selbstundurchsichtigkeit der eigenen Lebenssituation ist. Daran kann kein sinnvoller Zweifel bestehen.

Allerdings muss Verstehen hier in einem weiten Sinn gefasst werden. Es geht nicht um ein intuitives Verstehen, gleichsam um eine phänomenologische Evidenz, die hier behauptet wird. Dieses Missverständnis wird von einigen Autoren (Naatz, 1997, S. 16 f.)[15] benutzt, um zu begründen, dass Psychoanalyse nicht hermeneutisch vorgehe. Denn der Analytiker orientiere sich doch an Theorien, nicht nur an der Intuition der direkten Begegnung. Diese Theorien aber seien die Frucht nomothetischer Wissensbildung. Verstehen ist aber nicht ein Verstehen aus sich selbst heraus. »Verstehen heisst etwas von anderem her und im Licht von anderem erfassen: es in seinen Kontext einordnen, es von einer Regel oder einem Gesetz her begreifen, es aus seiner Genese oder über seine Ursache verständlich zu machen.« (Angehrn, 2010, S. 19). Damit ist der Verstehenshorizont, der unterschiedliche Räume umfassen kann, dem Verstehen wesentlich. Verstehen braucht den Referenzpunkt, den anderen Bezugspunkt, von dem es wirksam werden kann. Der Rekurs des Analytikers auf seine analytischen Theorien kann kein Argument gegen die hermeneutische Perspektive sein.

In diesem weiten Verstehensbegriff ist die Erhellung aus der Genese und mit Hilfe von Erklärungen in den Verstehensbegriff einbezogen. Das entspricht aber nicht der wissenschaftstheoretischen Diskussion um den Unterschied von Verstehen und Erklären, die diesen Unterschied zum Gegensatz erklärt und auf ihm die Fundamente der Naturwissenschaft oder Geisteswissenschaft aufgebaut hat. Angehrn macht klar, dass diese Dualität im Gegenstandsbereich zu suchen ist. Verstehen als Gegensatz zum Erklären ist Verstehen des Sinns eines Sachverhalts, einer Äußerung etc. Wir erfassen Gegenstände je nach ihrer Qualität: »Wir verstehen das Bild, nicht die Leinwand, auf der es gemalt ist« (Angehrn, 2010, S. 21). Dabei kann die Leinwand durchaus auf ihre Eigenschaften hin systematisiert, kategorisiert, aufgeschlüsselt werden. Aber wie tief in ihre Materialität auch eingedrungen wird, wie sehr diese Materialität auch

---

15 »Unsere Deutungen erwachsen also keineswegs nur aus der psychoanalytischen Situation selbst […] Und der von den Psychoanalytikern mit hermeneutischem Wissenschaftsselbstverständnis immer wieder propagierte Rekurs auf sogenannte alltagspraktische oder lebenspraktische Vorannahmen […] kann nicht darüber hinwegtäuschen, dass es sich bei den in der konkreten Psychoanalyse angewendeten Vorannahmen […] um psychoanalytische Begriffe und Theorien handelt, die ihre Geltung empirisch, d. h. im Rückgriff auf Erfahrung, unter Beweis zu stellen haben. Mit anderen Worten: Unsere psychoanalytischen Annahmen sind durchaus keine selbstevidenten Apriori.« (a. a. O., S. 17).

zur Bilddeutung nützlich ist: der Sinn des Bildes erschließt sich nicht in dieser Perspektive. Dann lässt sich der Satz auch umdrehen: Wir erklären die Beschaffenheit der Leinwand, nicht aber den Gehalt des Bildes. Die psychoanalytische Gegenstandserfassung, anders als etwa die biologisch-psychiatrische, geht ja gerade davon aus, dass sich aus dem Symptom Sinn erschließen lässt. Der biologische Psychiater befasst sich mit der »Leinwand«, mit dem Substrat der Gedanken, Empfindungen, Emotionen, er nimmt die subjektiven Äußerungen als Hinweise darauf, dass im Substrat etwas nicht stimmt. Er nimmt gleichsam das (subjektive) Bild, um über das Bild die (nicht unmittelbar sichtbare) Leinwand zu erkennen. Könnte er – das ist das Ziel der vielfältigen neurobiologischen Verfahren – die »Leinwand« direkt betrachten, dann bräuchte er das »Bild« gar nicht mehr. Der Dexamethason-Hemmtest zum Beispiel soll dann etwa – ein Unding! – die psychopathologische Diagnostik einer Depression ersetzen. Dann wäre der Rückgriff auf das »Bild«, also auf das eigene Erleben des Patienten, überflüssig geworden. Dass der Analytiker hingegen auf das »Bild« eingeht, ist nicht bestreitbar. Das analytische Setting, das analytische Verfahren selbst ist durch das Verstehen-Wollen definiert (Küchenhoff, 2013b). Dieses ist ihm also nicht äußerlich, nicht eine Dreingabe, die noch zusätzlich auf den Prozess aufgesattelt wird, sondern es ist sein Kern. Somit ist die Verstehensperspektive nicht wählbar, sondern mit der Wahl des Verfahrens selbst gegeben. Psychoanalyse ist mit Sinnverstehen untrennbar verbunden, insofern sind einzig die Methodologien, die den Prozess der Sinnerfassung steuern, angemessen.

Nun will die psychoanalytische Kur ja nicht nur das »Bild« verstehen, das jemand von sich und seiner Welt hat. Sie will das Bild auch ändern, das Symptom durch Deutung überflüssig machen und dadurch auflösen. An dieser Stelle kommt ein weiterer Einwand gegen die hermeneutische Rekonstruktion der Psychoanalyse zum Tragen.[16] Er lässt sich so umschreiben: Verändern lässt sich nur, was in seinen Ursachen aufge-

---

16 So argumentieren Thomae und Kächele mit Grünbaum und gegen Riceurs, Apels, Habermasens und Lorenzers tiefenhermeneutische Konzeption der Psychoanalyse, wobei sie die Grenzen der Hermeneutik für die Konzeptualsierung der Psychoanalyse als klinischer und therapeutisch relevanter Methode sehr eng ziehen (in Thomä & Kächele, 2006, S. 27–37).

hellt, dementsprechend erklärt werden kann. Kausale Zusammenhänge aber werden nicht verstanden. Was kausal wirkt, lässt sich in einen Verstehenshorizont nicht einholen. Dagegen lassen sich ein enges und ein weites Gegenargument anführen:

- Das enge Gegenargument lässt sich auf den von J. Habermas (1968/1973) eingeführten Begriff der »Kausalität des Schicksals«[17] bzw. der Dialektik der Selbstreflexion zurückführen. Demnach zeichnen sich kulturelle Phänomene und innersubjektive Zustände (auch solche aus neurotischen Verwicklungen) dadurch aus, dass sie uns wie Phänomene der äußeren Natur entgegentreten und doch solche der menschlichen Geschichte, ihrer Widersprüche, der Unterdrückungstendenzen menschlicher Triebanforderungen – also eine Art »Quasi-Natur« – sind. Sie können durch die therapeutische Kraft des Verstehens, wie mit Hilfe der Psychoanalyse belegbar, ihren reifizierten Status einer Pseudo-Objektivität wieder verlieren. Das Verstehen gewinnt hier also nicht nur (wissenschaftlich) erklärende, explanatorische Kraft, sondern auch die Fähigkeit, objektive Zwangszusammenhänge (Pseudokausalitäten) aufzulösen; die Verständigung über solche Objektivitäten der historischen und institutionellen Quasi- bzw. Pseudo-Natur (J. Habermas bzw. H. Dahmer) geht in eins mit

---

17 »Das ist eben jene Stelle, an der durch die Kausalität abgespaltener Symbole und unterdrückter Motive Sprache und Verhalten pathologisch verformt werden. Mit Hegel können wir sie, im Unterschied zur Kausalität der Natur, eine Kausalität des Schicksals nennen, weil der kausale Zusammenhang zwischen Ursprungsszene, Abwehr und Symptom nicht naturgesetzlich verankert ist in einer *Invarianz der Natur*, sondern nur naturwüchsig in einer, durch den Wiederholungszwang repräsentierten, aber durch die Kraft der Reflexion auflösbaren *Invarianz der Lebensgeschichte* [...] Ein *kausaler Zusammenhang* wird hypothetisch als ein *hermeneutisch verstehbarer Sinnzusammenhang* formuliert. Diese Formulierung erfüllt gleichzeitig die Bedingungen einer kausalen Hypothese und einer Interpretation (im Hinblick auf einen durch Symptome verzerrten Text). Das tiefenhermneutische Verstehen übernimmt die Funktion der Erklärung. Es bewährt seine explanantorische Kraft in der Selbstreflexion, die eine verstandene und zugleich erklärte Objektivation auch aufhebt: das ist die kritische Leistung dessen, was Hegel unter den Titel des Begreifens gebracht hat« (a. a. O., S. 330–332).

4 Psychoanalyse als Hermeneutik

deren Auflösung. Das Verstehen hat therapeutische Kraft, Habermas nennt solches Verstehen ein emanzipatorisches Verstehen (a. a. O., S. 331; vgl. dazu Heim, 1993; Dahmer, 1973). Darin verbindet sich hermeneutisches Verstehen von Sinnzusammenhängen mit kausalem Erklären von Naturzusammenhängen. Dies charakterisiert die Psychoanalyse als eine systematisch Selbstreflexion in Anspruch nehmende Wissenschaft: »Der Akt des Verstehens, zu dem sie [die Psychoanalyse, RPW/JK] führt, ist Selbstreflexion« (a. a. O., S. 280).

Habermas löst die fixe Zuordnung von Kausalität und Natur auf und führt dagegen an, dass auch schicksalhafte, biographische, traumatische Prägungen so zwingend das Leben und den Körper beherrschen, dass sie mit der gleichen Kraft wie Naturgesetze wirksam sind. Dann, wenn diese schicksalhaften Verknüpfungen verstanden werden, können diese kausalen Zusammenhänge deutend aufgelöst werden.

> »Psychoanalytische Deutungen von zunächst unverständlichen, aber in sich sinnhaften Lebensäußerungen wirken ideologiekritisch dadurch, dass die in den Deutungen enthaltene Information über den Determinismus im Leben eines Patienten zu einer Korrektur seines neurotischen Selbsterlebens führen möchte« (Heim, 1993, S. 64).

- Das weite Gegenargument schreibt dem Verstehen von vornherein eine Finalität zu, begrenzt es nicht auf die Feststellung oder Konstatierung von Sinn (s. unten in Teil 3 über die vierfache Wurzel der wissenschaftlichen Kausalität). Jedes Verstehen stammt vielmehr von der doppelten existentiellen Aufgabe ab, sich selbst zu verstehen und sich zu verwirklichen.

> »Sich über sich zu verständigen ist etwas grundlegend anderes als sich über das Funktionieren einer Maschine oder den Aufbau einer Pflanze ins Bild zu setzen. Es heisst ein Bild seiner selbst gewinnen, das nicht unser Dasein reproduziert, sondern in es eingeht und es mit konstituiert. Es heisst ein Verständnis seiner selbst gewinnen, das unser Sein und Wollen trägt und gestaltet« (Angehrn, 2010, S. 368).

Wir haben dieses Gegenargument als weites Gegenargument bezeichnet, weil die Konstitution, die Gestaltung, damit auch die persönliche Entwicklung und Veränderung Kernbestand der Verstehensintention sind. Sie gehören zum Verstehen, das nicht unbeteiligt, nicht unengagiert gedacht werden kann, wiewohl es sich von den Gestaltungsmöglichkeiten immer wieder zurückziehen und entfernen kann. Auch die

Gestaltungsintention gehört zum Verstehen. »Der verstehende Zugang öffnet sich auf eine Welt und öffnet eine Welt, zu der das Subjekt selbst gehört, die ihr Profil mit Bezug auf es gewinnt und für sein Handeln und sein Selbstverständnis von Belang ist« (a. a. O., S. 30). Zusatzannahmen, die aufs Erklären rekurrieren, sind nicht notwendig.

Kommen wir noch einmal auf das vorletzte Zitat zurück. Es endete mit dem Satz: »Es heisst ein Verständnis seiner selbst gewinnen, das unser Sein und Wollen trägt und gestaltet.« Diese philosophische Beschreibung des Selbstverständigungsprozesses lässt sich ohne Rest für die psychoanalytische Suche nach dem Subjekt übernehmen. Psychoanalyse wie philosophische Hermeneutik dienen nicht der zweckrationalen Erfassung der Welt im Rahmen einer instrumentell-technischen Vernunft. Sie dienen der Selbstverständigung und der Suche nach dem Subjekt.

Heim (1993, S. 17) spricht von der »Konjekturalwissenschaft des Subjekts«, um zu betonen, dass Psychoanalyse dem immer prekär bleibenden Versuch, die Grundlagen der eigenen Selbstverständigung zu erweitern, verpflichtet ist. Gast spricht davon, dass Psychoanalyse eine »Denkpraxis« ist, die es ermöglicht, »Denkräume zu öffnen, um etwas denkbar und der Analyse zugänglich zu machen« (Gast, 2006, S. 13). Beide Formulierungen können umgekehrt auch für die Anliegen einer hermeneutischen, auf Sinnverstehen ausgehenden Philosophie stehen, auch wenn die Wege dorthin sehr differieren.

Zusammenfassung

Insofern die Psychoanalyse sich mit der Person und dem Subjekt in seiner Unaustauschbarkeit, Individualität und Unvertretbarkeit befasst, ist sie der Suche nach dem Sinn verpflichtet. Damit ist die Methode der Sinnauslegung, die Hermeneutik, der psychoanalytischen Erfahrung angemessen. Eine Hermeneutik freilich, die sich allein innerhalb der Grenzen von Sprache und Bewusstsein bewegt und nicht diese Grenzen selbst erkundet und sich an ihnen abarbeitet, die durch die naturhaften Bedingungen des Daseins, durch den biologischen Körper, durch Tod und Widersinn, aber eben auch durch das Begehren und die unbewusste Dimension der Erfahrung gesetzt sind, muss notgedrungen scheitern. Wird andererseits Hermeneutik in diesem weiten Verständnis als Lehre und Methode der dialektischen Vermittlung von Sinn und Nicht-Sinn, Symbolischem und Realem etc. aufgefasst, dann dient sie durchaus der methodologischen Grundlegung der Psychoanalyse.

5 Der Status der Psychoanalyse als Wissenschaft und die Kontroverse um die Metapsychologie

Einführung

Mit den bisher gemachten Überlegungen haben wir zugleich die methodologischen Voraussetzungen geschaffen, um Lösungsversuche der offensichtlichen wissenschaftstheoretischen Probleme in der psychoanalytischen Theorie der Gegenwart besser einordnen zu können. Zunächst wird es um den Status der Metapsychologie gehen. Denn ihre Aufgabe, so ungenau sie auch im Einzelnen ausformuliert worden ist, muss es doch sein, zwischen der klinischen Begegnung in der Analyse, ihrer theoretischen Beschreibung und der Frage nach der therapeutischen Wirksamkeit der gemeinsam gemachten Erfahrung eine in sich konsistente Verbindung herzustellen. Wenn nun, wie zu zeigen sein wird, die Metapsychologie kritisiert und an ihrer Verabschiedung gearbeitet worden ist, so ist ein wichtiges Motiv auch in der wissenschaftstheoretischen Kontroverse, die wir dargestellt haben, zu suchen. Denn aus einer einheitswissenschaftlichen Perspektive heraus ist der komplexe Zusammenhang zwischen Forschen und Heilen unerheblich, weil es nur darauf ankommt, empirisch die Wirksamkeit festzustellen. Wollen Forscher jedoch beides, Theoriebildung und Wirksamkeitsprüfung, miteinander verbinden, ohne die Bedeutung der Theorie zu schmälern, so landet die Theorie oft doch in einem vorwissenschaftlichen oder außerwissenschaftlichen Bereich. So lauern die Gefahren einer einheitswissenschaftlichen Reduktion der Psychoanalyse auch dort, wo der verstehende Ansatz doch gerade gerettet werden sollte. Diesen latenten Reduktionismus aufzuzeigen, ist das Ziel des nun folgenden, den ersten Teil abschließenden Kapitels.

5 Der Status der Psychoanalyse als Wissenschaft

Lernziele

- Die Aufgaben der psychoanalytischen Metapsychologie beschreiben können
- Das von S. Freud formulierte »Junktim zwischen Forschen und Heilen« wissenschaftstheoretisch verstehen
- Den Begriff der Kohärenz als wissenschaftstheoretische Kategorie einschätzen und zwischen interner und externer Kohärenz unterscheiden können
- Die Konzeptforschung wissenschaftstheoretisch würdigen können
- Den Begriff der nomothetischen Einzelfallforschung kritisch reflektieren zu können

Johann August Schülein (1999, 2012a, 2012b) sowie – wenn auch in anderer Zielrichtung – Helmuth Thomä und Horst Kächele (1973; Kächele, 1992; Thomä & Kächele, 2006) haben sich in jüngerer Zeit in mehreren umfangreichen methodologischen Kompendien bemüht, den Status der Psychoanalyse als Wissenschaft darzustellen und auf die gegenwärtige psychoanalytische Therapie und auf die Forschung zu beziehen. Die methodologischen Differenzen zwischen heterogenen Konzepten der psychoanalytischen Therapieforschung, der Metapsychologie und der klinischen Pragmatik konnten gleichwohl bis heute nicht überbrückt werden, vermutlich aus zwei miteinander verschränkten Gründen:

1) Der erste Grund besteht in der Anforderung an die psychoanalytischen Psychotherapieforscher, ihre Methoden und Forschungsdesigns an die gängigen Standards einheitswissenschaftlicher Forscher anzupassen (mit dem Design der randomized controlled trials), damit ihre Ergebnisse im Rahmen der allgemeinen Psychotherapieforschung kompatibel bleiben. Das dabei meist nicht hinterfragte Problem lautet, ob sich der psychoanalytische Prozess generell bzw. ob sich die psychoanalytische Situation in dieser Form wirklich extern beobachten, aufzeichnen und objektivieren lässt, einschließlich der darin implizierten subjektiven und intersubjektiven Prozesse der Übertragungs- und Gegenübertragungsphantasien und Widerstandsphänomene im aktuellen psychoanalytischen Dialog.

2) Der zweite und damit zusammenhängende Grund ist grundsätzlicherer Art; er besteht in einer fundamentalen und vielleicht schwer zu vermittelnden Differenz in der Auffassung von Wissenschaft oder

Forschung: Schon die Erhebung der Daten (im Sinne externer Beobachtung oder internen Zuhörens), weiter dann die Überprüfung empirischer Befunde der sog. klinischen Forschung und der Psychotherapie-Outcome-Forschung setzt nach deren eigenem Anspruch ein Modell wissenschaftlicher Erklärung im allgemein wissenschaftlichen Sinne voraus, welches Einschränkungen des Status von Wissenschaft formuliert, die die klinische Forschung eng an ein naturwissenschaftliches Begründungs- und Überprüfungsmodell koppelt, von dem die »naturalistische« psychoanalytische Erfahrung und weiter dann die aus ihr gewonnene Metapsychologie als bloße Ideenlehre, Hermeneutik oder auch Mythologie abzugrenzen wäre. Eine wissenschaftstheoretisch fundierte Vermittlung zwischen realwissenschaftlichen und hermeneutischen Zugängen zum Gegenstand, die epistemische Konsistenz zwischen klinischer Erfahrung und Begründung in unterschiedlichen Theoriekonzeptionen findet nicht statt bzw. wird verweigert

Die intensive erkenntnistheoretische und methodologische Diskussion in der Psychoanalyse und um die Psychoanalyse im 20. Jahrhundert hätte die Chance geboten, wie im Positivismusstreit in der Soziologie und in den Sozialwissenschaften um quantitative und qualitative Methoden der Erkenntnis, eine Klärung der wissenschaftstheoretischen Kontroverse um die Psychoanalyse zu erzielen. Vielversprechende Ansätze dazu, wie die Konzeption der Psychoanalyse als einer kritischen Sozialwissenschaft, wie sie Habermas (1968/1973) und Lorenzer (1974) vorgelegt haben, waren jedoch zu komplex, als dass sie einen interdisziplinären Diskurs gerade mit den Vertretern der empirischen Psychotherapieforschung hätten vermitteln können. Sie blieben – auch aufgrund strittiger theoretischer Bestimmungen um die Natur des psychoanalytischen Prozesses – unvermittelt am Wegesrand des erkenntnistheoretischen Diskurses liegen. Mertens sprach von einem »methodologischen Ghetto« bzw. einer elitären Selbstabschottung (Mertens, 2005, S. 26 f.).

Was davon ist nun im 21. Jahrhundert noch relevant? Die erkenntnistheoretische Diversität der verschiedenen epistemologischen Ansätze im 20. Jahrhundert scheint eine Vermittlung zu verunmöglichen, da sie sich in dogmatische Extrempositionen polarisiert hat. Die erkenntnistheoretische Situation der Psychoanalyse stellt sich demnach zu Beginn des 21. Jahrhunderts verwirrend, ja desolat dar. Fonagy (2006, S. 69) zufolge ist die epistemologische Differenzierung der psychoanalytischen Dispositive in der zweiten Hälfte des 20. Jahrhunderts nunmehr einer Fragmentierung der psychoanalytischen Disziplinen gewichen, die die Psychoanalyse als Wissenschaft heute insgesamt bedroht. Eines scheint gewiss: Erkenntnis in der Psychoanalyse muss aus dem Erfahrungsprozess der Psychoanalyse selbst entspringen und aus einem immanenten Reflexionsprozess desselben hervorgehen.

Freuds eingangs erwähnte Ambivalenz gegenüber Philosophie, Wissenschaftstheorie, ja gegenüber Theorien überhaupt, auch gegenüber seinen eigenen Konzeptualisierungen (des Unbewussten, der Triebtheorie, der Erfahrung des psychoanalytischen Prozesses über freie Assoziation und gleichschwebende Aufmerksamkeit, der Behandlungstechnik) vermochte nicht zu verhindern, dass sich gerade darüber in der Folge die erbittertsten Kontroversen um den erkenntnistheoretischen Status der psychoanalytischen Erfahrung, um ihre Erkennbarkeit und wissenschaftliche Untersuchbarkeit entzündet haben. Wir haben schon in den vorausgehenden Kapiteln die heterogenen methodologischen Zugänge auch zur psychoanalytischen Erfahrung, zur Begründung über heterogene Formen der Kausalität skizziert – ohne sie bislang in eine konsistente dialektisch-methodologische Synthese bringen zu können (vgl. Teil 2). Freuds schillernde Bemerkungen zur psychoanalytichen Forschung, seine Verwunderung, dass ihm seine Fallgeschichten »wie Novellen« geraten seien, hatten eine Kontroverse über die wissenschaftlich korrekte Beschreibung und Untersuchung von psychoanalytischen Fallgeschichten ausgelöst. Die aus diesen Novellen im Sinne von literarischen Erzählungen dann gewonnenen Konzeptualisierungen über die Zusammenhänge des Seelenlebens einschließlich seiner Triebtheorie, die Freud als Metapsychologie bezeichnete, qualifizierte er gar – ironisch und mit Bezug auf Goethes Zauberlehrling – als Hexenglauben:

> »[...] der Trieb ganz in die Harmonie des Ichs aufgenommen, [ist] allen Beeinflussungen durch die anderen Strebungen im Ich zugänglich [...], [geht] nicht mehr seine eigenen Wege zur Befriedigung. Fragt man, auf welchen Wegen und mit welchen Mitteln das geschieht, so hat man's nicht leicht mit der Beantwortung. Man muß sich sagen: ›So muß denn doch die Hexe dran‹. Die Hexe Metapsychologie nämlich. Ohne metapsychologisches Spekulieren und Theoretisieren – beinahe hätte ich gesagt: Phantasieren – kommt man hier keinen Schritt weiter. Leider sind die Auskünfte der Hexe auch diesmal weder sehr klar noch sehr ausführlich« (Freud, 1937, S. 69).

Die Auskünfte der »Hexe Metapsychologie« waren auch den psychoanalytischen Psychotherapieforschern nicht geheuer und sie stellten darob immer wieder die Metapsychologie als psychoanalytische Wissenschaft in Frage bzw. sie fragten – ganz berechtigt – nach der möglichen Verbindung und Überprüfbarkeit psychoanalytisch-metapsychologischer mit szientifisch-wissenschaftlichen Aussagen.[18] Wir werden im Folgenden diejenigen Aspekte dieser Diskussion (um die psychoanalytische Narrationsforschung und um die Metapsychologie) herausgreifen, die uns helfen können, den 100 Jahre währenden Methodenstreit um die Psychoanalyse als Wissenschaft in Richtung der angestrebten Überwindung im Sinne einer dialektischen psychoanalytischen Methodologie zu überwinden.

5.1 Zur Frage der Metapsychologie

J. Habermas hat Freuds Intention, die Metapsychologie als Reflexion von klinischen Gesprächssituationen und Narrationsanalysen psychoanalytischer Behandlungsverläufe in einer epistemischen Konsistenz zu elaborieren, emphatisch verteidigt und sogar noch Freuds eigene Ambivalenz diesem Vorgehen gegenüber und seine Tendenz, gegen seine Intention doch immer wieder in die alte, aufgegebene Sprache des naturwissenschaftlichen Denkens zurückzufallen, demgegenüber als »szientistisches Selbstmißverständnis der Metapsychologie« bezeichnet.

> »Es wäre sinnvoll, den Namen Metapsychologie für jene Grundannahmen zu reservieren, die sich auf den pathologischen Zusammenhang von Umgangssprache und Interaktion beziehen und in einem sprachtheoretisch begründeten Strukturmodell dargestellt werden können. Dabei handelt es sich nicht um eine empirische Theorie, sondern um eine Metatheorie oder besser Metaherm-

---

[18] Jüngst haben Michael B. Buchholz und Günter Gödde zahlreiche namhafte Autoren versammelt, um das Problem der Metapsychologie auf heutigem Diskussionsstand zu differenzieren und zu diskutieren, woraus ein beeindruckendes Handbuch hervorgegangen ist, das in weiten Teilen unseren Überlegungen hier konform geht (Buchholz & Gödde, 2012b).

eneutik, die die Bedingungen der Möglichkeit psychoanalytischer Erkenntnis klärt. Die Metapsychologie entfaltet die Logik der Deutung in der analytischen Gesprächssituation. Insofern steht sie auf derselben Ebene wie die Methodologie der Natur- und Geisteswissenschaften. Wie diese reflektiert sie den transzendentalen Rahmen der analytischen Erkenntnis als einen objektiven Zusammenhang von organisierten Forschungs- und d. h. hier zugleich auch Selbsterforschungsprozessen« (Habermas, 1968/1973, S. 310).

Dieser epistemische oder wissenslogische Zusammenhang zwischen klinischer Interaktionssituation, theoretischer Konzeptualisierung und therapeutischer Wirksamkeit, den Freud auch als »Junktim von Heilen und Forschen«[19] charakterisiert hatte, wurde nun in der Folge immer wieder in Frage gestellt in dem Sinne, dass der kategoriale Rahmen der Metapsychologie einer streng erfahrungswissenschaftlichen Neuformulierung unterzogen werden müsse oder überhaupt aufzugeben sei, damit die Daten psychoanalytischer Behandlungsprotokolle und die daraus gewonnenen Hypothesen über pathologische Symptomkonstellationen dem allgemeinen (deduktiv-nomologischen/DN-) Schema wissenschaftlicher (szientifischer) Erklärungen unterzogen werden könnten.[20] Immer wieder verwirrend wirkt an dieser Diskussion um die empirische Prüfung klinischer Theorien, dass ungefragt einschränkende Vorannahmen bezüglich des epistemologischen Status der psychoanalytischen Erfahrung (Empirie als Beobachtungs- oder als weiter gefasster Erfahrungsmodus) und bezüglich der verwendeten Form von Kausalität eingeführt werden, welche die Vergleichbarkeit heterogener Erfahrungs- und Begründungsformen ausschließen (▶ **Teil 3**).[21] Ein prominentes

---

19 »In der Psychoanalyse bestand von Anfang ein *Junktim zwischen Heilen und Forschen*, die Erkenntnis brachte den Erfolg, man konnte nicht behandeln, ohne etwas Neues zu erfahren [...] Unser analytisches Verfahren ist das einzige, bei dem dies kostbare Zusammentreffen gewahrt bleibt« (Freud, 1927, S. 293 f.),
20 vgl. Modell, 1978; Modell, 1984. Modell gelangt hier zu einem komplementären Modell verschiedener Formen der psychoanalytischen Metapsychologie: Sie sei teilweise Naturwissenschaft (Science), teilweise Hermeneutik. Die unterschiedlichen Formen gelte es, komplementär zu verbinden wie in Niels Bohrs Welle- Teilchen-Komplementarität des Lichts. Der wissenschaftstheoretische Status der Metapsychologie wurde in der Zwischenzeit umfangreich und differenziert diskutiert. Vgl. Grünbaum, 1984/1988, 1991; Moser, 1991; Dreher, 1998; Buchholz & Gödde, 2012a; Storck, 2012.
21 Vgl. Perrez, 1971; Schurz, 1990; vgl. Hausmann, 1991.

Teil 1 Erkenntnistheorie der Psychoanalyse

Beispiel für eine solche einschränkende Vorannahme sehen wir in dem (2006 erneuerten) wissenschaftstheoretischen Forschungskonzept von Thomä und Kächele, in dem es heißt: »Generell kann gesagt werden, daß metapsychologische Aussagen nur insoweit eine erfahrungswissenschaftliche Bedeutung haben, als sie durch Zuordnungs- oder Korrespondenzregeln (Carnap) mit Beobachtung verbunden werden können« (Thomä & Kächele, 2006, S. 43; vgl. Thomä & Kächele, 1973). In diesem Zitat wird eine doppelte Einschränkung vorgenommen: Die Erfahrung wird auf Beobachtung reduziert und das DN-Modell wissenschaftlicher Erklärung gilt als einziger Begründungsmodus für die psychoanalytische Forschung.

Ähnliche, die psychoanalytische Forschung restringierende Begründungsprobleme stellen sich, wenn man – wie Carlo Strenger (1991, 2002) – die Metapsychologie von der klinischen Theorie kategorial abkoppelt und die erstere als »Hermeneutics« und die letztere als »Science« konzeptualisiert mit der Implikation, dass Hermeneutik eben nicht Wissenschaft sei und dadurch zum wissenschaftlichen Erkenntnisfortschritt nichts beizutragen hat, sondern im Bereich der »Weltanschauung« verbleibt. Die Forderung an die Psychoanalyse, sie müsse in ihren Begründungen dem Typus allgemeiner Erklärungen (»explanations«) kompatibel sein, verlagert das methodologische Problem auf die Frage der Definition von »Erklärung«. Strengers Anspruch, den wissenschaftstheoretischen Ort der Psychoanalyse »between Hermeneutics and Science« zu situieren, unterläuft allerdings seine an Grünbaum angelehnte Definition der Kausalität:

> »Causal explanation entails that there is a strict causal law which links cause and effect nomologically, but it does not presuppose that we know this law or even what it looks like« (Strenger, 1991, S. 55).

Dieser nomologische Ansatz eines »generally accepted background knowledge« (a. a. O., S. 189) im methodologischen Sinne läuft auf den alten Methodenmonismus in der Verstehens-Erklärens-Kontroverse der Humanwissenschaften hinaus, der zufolge einzig das Erklären, die deduktiv-nomologische Überprüfung im »context of justification«, nicht aber die Heuristik des Auffindens einer Hypothese, der »context of dicovery« (a. a. O., S. 13 f.), eine wissenschaftliche Beweisführung ermöglicht. Dieser Begründungskontext geschieht aber außerklinisch, das »generally accepted backround knowledge« ist gerade nicht das klinische Wissen aus der analytischen Situation (vgl. a. a. O., S. 153 ff., bes. S. 203). In dieser Nomenklatur stellt das Verstehen klinischer Zusammenhänge lediglich ein heuristisches Adjuvens oder eine weltanschauliche Metatheorie dar, ist also nicht selbst eine wissenschaftliche Methode. Diese szientistische Methodologie ähnelt dann der oben von Otto Neurath skizzierten »Tasse-Kaffee-Theorie« des wissenschaftlichen Verstehens (vielleicht gut zur Inspiration, aber unnötig für die Erkenntnis) oder der von Jaspers an der Psychoanalyse vorgebrachten Kritik, sie sei Weltanschauung, aber nicht Wissenschaft (vgl. Warsitz, 1987, 1990). Im Folgenden wird also zu klären sein, ob die Metapsychologie nicht nur einen peripheren, heuristischen Wert für die klinische Theorie besitzt bzw. ob sie ihren Platz in der Methodologie der Psychoanalyse als Wissenschaft behaupten kann, sich also als nicht reduzierbar erweist auf einen Status als »Weltanschauung«.

Der Vergleich der nomothetischen mit der psychoanalytischen Erkenntnismethode deckt aber auch ein latentes Moment in jener auf, welches der psychoanalytischen Erfahrung im Grunde fremd ist, das Moment der »solipsistischen« Forschungseinstellung. Damit ist eine Wissenschaftshaltung gemeint, die unhinterfragt von der interessefreien Trennung von Wissenschaftssubjekt und beforschtem Objekt ausgeht und glaubt, das Subjekt der wissenschaftlichen Erkenntnis werde von ihrem Objekt nicht tangiert. Diese Haltung des »methodischen Solipsismus« der szientistischen und der klassisch-hermeneutischen Wissenschaften wird nun (nach Apel) gerade durch die klinische Praxis der Psychoanalyse unterlaufen, insofern diese als eine im Medium der Übertragung und Gegenübertragung, also durch Kommunikation mit einem Anderen, auf kritische Selbstreflexion bezogen ist und dadurch den Beweis darstellt, dass der methodische Solipsismus durchaus im Rahmen anerkannter wissenschaftlicher Methoden vermeidbar sei. Eine These, die Apel mit Jürgen Habermas teilt; ihr zufolge lässt sich die Psychoanalyse als eine auf Emanzipation zielende selbstreflexive Wissenschaft verstehen.[22]

Dass Strenger gleichwohl die Psychoanalyse als Wissenschaft nicht einfach dem einheitswissenschaftlichen Paradigma subsumiert, zeigt sich darin, dass er sie »between hermeneutics and science« situiert, also auch dem »weltanschaulichen« Charakter der Metapsychologie nicht

---

22 Apel, 1973, Bd. I, S. 22 ff., 60 ff.; Bd. 2, S. 220 ff.; vgl. Habermas, 1968/1973, Kap. 10–12; vgl. Warsitz, 1990, S. 107 ff.

Teil 1 Erkenntnistheorie der Psychoanalyse

einfach den Charakter der Wissenschaftlichkeit abspricht, sondern ihr einen gewissen Zwischenstatus einräumt. Demnach gebührt der Psychoanalyse epistemologisch der Status einer Zwischenwissenschaft, die den imperialen Anspruch auf Deckungsgleichheit zwischen den psychoanalytischen und den sonst etablierten, nomothetischen Kategorien der »Logic of justification« zurückweist, da dies zur Zerstörung der Differentia specifica der Psychoanalyse als Wissenschaft führen würde. Ausgangspunkt ist das Widerstandspotential, das die tragenden Begriffe der psychoanalytischen Erfahrung und Begründung selbst einer jeden heterogenen Begrifflichkeit entgegensetzen, so dass letztlich die essenzielle Frage nach der spezifischen Kausalität des pathogenetischen Prozesses und folglich auch des psychoanalytischen Deutens für die Effekte des analytischen Dialogs neu zu stellen sein wird. Mit Strenger müsste man dann nach den Kohärenzregeln zwischen den wissenschaftlichen Dispositiven fragen, welche die geistes- und naturwissenschaftlichen Fragestellungen zusammenbinden können, die also die psychoanalytische Kulturtheorie oder Kunst- bzw. Literaturinterpretation mit der klinischen Theorie und dem »generally accepted background knowledge« verbinden. Strenger unterscheidet äußere und innere Kohärenz (und Leuzinger-Bohleber[23] folgt ihm hier).

In diesem Kontext drängt sich nun die Frage nach der Vergleichbarkeit und »Anschlussfähigkeit« der psychoanalytischen Praxismodelle und

---

23 Leuzinger-Bohleber versucht offensichtlich, diesen methodischen Solipsismus von Strenger implizit zu überwinden, fordert sie doch wiederholt einen »Wissenschaftlichen Pluralismus« ein (Leuzinger-Bohleber et al., 2002) und bemüht in ihrer Replik auf Strenger die tiefenhermeneutische Interpretation der Psychoanalyse nach Lorenzer und Habermas und schließlich M. Riedel (Leuzinger-Bohleber, 1995, S. 439 f., 445 f.). M. Riedels Ansatz einer Rehabilitation der »praktischen Wissenschaften« (nach Aristoteles) rekonstruiert bekanntlich (vgl. oben S. 15) einen Typus wissenschaftlicher Erklärung, der sich dem »Praktischen Syllogismus«, einer Unterform der teleologischen Erklärung verdankt (vgl. dazu unten). Riedels Hermeneutik nimmt ihren Ausgang von methodologischen Reflexionen auf die Erfahrungsweise des Zuhörens und Sprechens, die in einer deutlichen Spannung zur nomothetischen Methodologie steht, die sich einer Logik des Sehens und Handelns verdankt. Somit steht erstere schon aus diesem Grunde der Psychoanalyse näher als jede okular restringierte Handlungstheorie (vgl. Riedel, 1978; Riedel, 1994).

Prozessvariablen mit heterogenen Ansätzen auf, welche Leuzinger-Bohleber (mit Strenger) als »externe Kohärenz« bezeichnet (Leuzinger-Bohleber, 1995, S. 444 ff.), die über die »interne«, rein »narrative« Kohärenz ihrer eigenen immanenten Begriffslogik z. B. in psychoanalytischen Fallgeschichten hinausgehen müsse (a. a. O., S. 446), um sich dem interdisziplinären Dialog zu öffnen. Aber auch die zuletzt genannten, »narrativen« Erklärungen müssen nach Strenger noch dem Konsistenzkriterium, also dem allgemeinen Gesetzesschema wissenschaftlicher Erklärungen (»generally accepted explanantions«, a. a. O., S. 444) unterworfen werden. Dies versucht Leuzinger-Bohleber im Rahmen ihrer empirischen Einzelfallstudien durch »kommunikative Validierung« als »Wahrheitskriterium« zu erreichen (a. a. O., S. 465 ff.).

Nun suggerieren die Kategorien der externen und internen Kohärenz von Strenger, dass die letztere für den immanenten psychoanalytischen Diskurs unstrittig sei, also als common sense der Psychoanalytiker als klinische Praktiker insgesamt gelten könne. Diese Annahme gilt aber längst nicht mehr unbestritten. Sollte es denn je eine gemeinsame klinische Sprache der Psychoanalytiker gegeben haben, so erscheint heute dank der konkurrierenden Schulenbildungen innerhalb der psychoanalytischen Bewegung jeder ihrer Grundbegriffe, wie z. B. Unbewusstes, Übertragung, Widerstand und Trieb, um die vier nach Lacan fundierenden Kategorien zu nennen (Lacan, 1978), höchst kontrovers interpretierbar. Aus diesem Grund differenziert Strenger sein Kriterium der »externen Kohärenz« noch um eine weitere Unterscheidung: Die heterogenen psychoanalytischen und entwicklungspsychologischen Konzeptualisierungen müssen zunächst dem »Konsistenzkriterium« einer Prüfung auf wechselseitige Vergleichbarkeit unterzogen werden, bevor dann die strengere Prüfung auf »externe Kohärenz« mit dem »generally accepted backround knowledge« erfolgen kann (vgl. Leuzinger-Bohleber, 1995, S. 444 f.). Beide Formen sind aber im Grunde hermeneutische Operationen, Übersetzungsprobleme aus unterschiedlichen begrifflichen Horizonten, die Prüfung von deren »externer Kohärenz« erfordert einen »Hermeneutes«, einen Dolmetscher innerhalb der Scientific Community der Psychoanalytiker!

Aus der anhaltenden Schwierigkeit der klassischen psychoanalytischen Forschungsmethodologie und ihrem Festhalten am methodischen Solipsismus wissenschaftlicher Begründungen hat sich die »psychoanalytische Konzeptforschung« entwickelt (Dreher, 1998, 2005; Canestri, 2006,

2012), die gleichsam theoriefrei ansetzen will (»beyond theory« – Canestri), d. h. ohne das Prokrustesbett der empirischen Psychotherapieforschung. Sie beansprucht, die impliziten Theorien, die die Praktiker und Forscher vorbewusst in sich tragen, zu eruieren und zu explizieren ohne Rücksicht auf ihren etwaigen methodologischen Status (»map of implicit theories [...] that describe [...] a categorisation for heuristic purposes *which has no status beyond that*«, Canestri, 2006, S. 4).

Die psychoanalytische Konzeptforschung will auf diesem Wege eine Transparenz herstellen zwischen dem, was der Analytiker in der analytischen Situation tut, den impliziten Theorien, die ihn dabei leiten, und dem therapeutischen Effekt, den solchermaßen hochinterpretierte Konzeptualisierungen im analytischen Prozess gewinnen. Dieser Ansatz ist in der heutigen Ausbildungskultur der Psychoanalytiker und insbesondere in der Supervision heute zur Standardmethode avanciert (Tuckett, 2006). In diesem Sinne konvergiert die neuere psychoanalytische Konzeptforschung stark mit dem, was oben als wissenslogischer Zusammenhang zwischen klinischer Erfahrung und metapsychologischer Konzeptualisierung bezeichnet worden war. Die »Hexe Metapsychologie« scheint so eine Renaissance zu erfahren.

Die darin implizit erhobene Kritik an der empirischen Psychotherapieforschung (und ähnlich auch an der entwicklungspsychologischen Säuglings- und an der neuropsychoanalytischen Forschung) soll nun nach Dreher keinesfalls so verstanden werden, als werte die Konzeptforschung deren Ergebnisse als irrelevant für die psychoanalytische Praxis ab, sondern sie sieht in ihr eher eine Ergänzung bzw. eine Brücke, die gleichzeitig das Postulat einer wechselseitigen Befruchtung impliziert. Dreher paraphrasiert dafür Kants Dictum von der Leerheit der Gedanken ohne Inhalt und der Blindheit der Anschauungen ohne Begriffe: »Psychoanalytische Empirie ohne psychoanalytische Konzepte ist blind, psychoanalytische Konzepte ohne psychoanalytische Praxis sind leer« (Dreher, 1998, S. 14).

Als Replik zu dieser Diskussion um die psychoanalytische Konzeptforschung bliebe uns nur, Kants Conclusio zu dieser Paraphrase Drehers hinzuzufügen: »Der Verstand vermag nichts anzuschauen, und die Sinne nichts zu denken. Nur daraus, dass sie sie sich vereinigen, kann Erkenntnis entspringen«. (Kant, 1781/1983, B75)

Die Form einer solchen Vereinigung gelingt nun – wie wir in Teil 3 zeigen wollen – weniger in dem von der psychoanalytischen Konzeptforschung suggerierten induktiven Schlussverfahren (»from practice to theory«), sondern eher in einem noch im Rahmen der psychoanalytischen Praxis zu explizierenden abduktiven Modus (▶ Kap. 1), den wir in den Konzepten einer negativen Methodologie der Psychoanalyse zu situieren versuchen.

5.2 Die psychoanalytische Einzelfallstudie – die neue via regia der psychoanalytischen Forschung?

Die anhaltende Kritik an der Unvereinbarkeit des szientistischen Wissenschaftsdispositivs mit der Erforschung des psychoanalytischen Prozesses hat schließlich zu einer Revision auch der empirischen psychoanalytischen Prozessforschung geführt, die die erkenntnistheoretische Situierung der psychoanalytischen Fallanalyse betrifft.[24] Ausgangspunkt war die Kritik an Freuds Krankengeschichten als Paradigma der psychoanalytischen Fallnarrationen (vgl. Perrez, 1971; vgl. Thomä & Kächele, 2006, S. 78 ff.) Während einige Vertreter, insbesondere Adolf-Ernst Meyer (1993) und in gewisser Weise auch Thomä und Kächele (2006; vgl. auch Kächele, 1993), in einem leidenschaftlichen bzw. polemischen Plädoyer für die psychoanalytische Einzelfallanalyse bzw. Interaktionsgeschichte votierten und gegen die seit Freud bekannte Darstellung der psychoanalytischen Fallgeschichte als Novellen bzw. literarische Erzählungen, versuchten andere (vgl. Leuzinger-Bohleber, 1995), noch in der notwendigen Operationalisierung und Formalisierung der Narrationsanalyse das unverfügbar Idiosynkratrische der (naturalistisch aufgezeichneten, »aggregierten«) Einzelfallstudie als »Basis einer empirischen Annäherung an psychoanalytische Prozesse« (Leuzinger-Bohleber et al., 2002, S. 41 ff.) zu bewahren.

---

24 Dahl, et al., 1988; Kächele, 1992; Stuhr & Deneke, 1993; Leuzinger-Bohleber, 1995; Kimmerle, 1998; Kächele et al., 2006; Thomä & Kächele, 2006; Kächele & Pfäfflin, 2009; kritisch dazu Kimmerle, 1998.

Umgekehrt hält A.-E. Meyer Freuds novellenartige Darstellung seiner Fallgeschichten sogar für »antipsychoanalytisch und unwissenschaftlich« (a. a. O., S. 63) und folgt darin dem szientistischen Geist der neueren Psychotherapieforschung.

In dieser Diskussion wird nun auf die früher beschriebene Erklärens-Verstehens-Kontroverse und die Rolle der Geschichtsschreibung hingewiesen. Verwirrend in den gängigen erkenntnistheoretischen Überlegungen wirkt nun die häufig zu findende Mischung von szientistischen mit sozialwissenschaftlichen (Max Webers Idealtypus) und philosophischen Ansätzen der Historiographik. Windelbands und Rickerts Differenzierung von Idiographik und Nomothetik, die ja einen Eckpfeiler des frühen Wissenschaftsdualismus dargestellt hatten, versuchten Thomä und Kächele sowie auch Stuhr zu einem neuen Forschungsdispositiv zu amalgieren, der »idiographischen Nomothetik« (Thomä & Kächele, 2006, S. 16; vgl. Stuhr, 2009, 1993)

Nun erscheint dieses Amalgam einer idiographischen Nomothetik zu wenig elaboriert, um als neues Paradigma gelten zu können, es schließt apologetisch im Sinne einer contradictio in adiecto konträre Kategorien in einem Begriff zusammen, ohne dies argumentativ zu vermitteln. Die epistemologische Paradoxie eines solchen Ansatzes wird nicht reflektiert, er zwingt den gänzlich heterogenen Erfahrungszugang einer historischen Idiographik mit einer soziologischen Nomothetik zusammen, welche zwei heterogenen epistemologischen Ordnungen folgen. Dabei könnte eine Radikalisierung des idiographischen Ansatzes für die human- und kulturwissenschaftlichen Narrationsforschungen durchaus interessant sein und sich im Sinne der »aggregierten Einzelfallstudien« (Leuzinger-Bohleber) für die Erforschung des klinischen Prozesses der Psychoanalyse anbieten (wenn auch der antipsychologische Gehalt der Rickertschen Idiographik dem psychoanalytischen Prozess fremd sein dürfte (▶ Kap. 2). In unserer psychoanalytischen scientific community betreiben wir durchaus Idiographik, sei es in Form der technischen Seminare und Supervisionsberichte, sei es in den Fallberichten der überregionalen Kolloquien (welche Kächele systematisch untersucht hat, (vgl. Kächele, Schaumburg & Thomä, 1973; Kächele, 1981, 1993) verständigen wir uns mit Hilfe solcher analytischer Narrationen unserer Erfahrungs- und Erkenntnismethode. Wir verständigen uns über das, was wir klinisch tun, mit Hilfe von narrativen Berichten, von Erzählungen über Begegnungen mit Patienten. Schon die Rahmenbedingungen dieser Begegnungen, die Settingbedingungen der Psychoanalyse, sind derart ungewöhnlich, einmalig, und doch untereinander so auffallend vergleichbar, also intersubjektiv kompatibel, dass jede minimale Settingvariable hochinteressante Schlussfolgerungen für den analytischen Prozess zulässt, wie es wohl bei keiner sonstigen klinischen Methode der Fall ist. Die Idiosynkratik der analytischen Begegnung hat einen Stil der wissenschaftlichen Erfahrung und Begründung hervorgebracht, den wir in seiner epistemologischen Relevanz allererst kategorial beschreiben müssen, als ein ganz spezifisches »Sprachspiel« des klinischen Fallberichts. Allerdings steht dabei die Idiographik eines Einzelfallprozesses der Nomothetik allgemeiner gesellschaftlicher Gesetzmäßigkeiten diametral entgegen, was der Begriff der »idiographischen Nomothetik« verleugnet.

Zusammenfassung

In allen vorstehenden Überlegungen hat sich immer neu die enge Verbindung zwischen Metapsychologie und klinischer Erfahrung und ihren methodisch unterschiedlichen Zugangsweisen erwiesen. Dadurch erweist sich zugleich der Durchgang durch die Geschichte der Erkenntnistheorie der Psychoanalyse geradezu als Prolegomenon zu der angestrebten Psychoanalyse als Erkenntnistheorie. Deshalb ist es folgerichtig, sich im zweiten Hauptteil der psychoanalytischen Erfahrung selbst zuzuwenden. Er widmet sich den Wegen der psychoanalytischen Erkenntnis, geht also nicht methodologisch, sondern praxeologisch vor und untersucht die Erkenntniswege in der psychoanalytischen Kur selbst. Zu fragen ist also: Wie kommen Erkenntnisse in der Therapiestunde zustande? Wie lassen sie sich bestätigen?

Literatur zur vertiefenden Lektüre

Apel, K. O. (1973). *Transformation der Philosophie*. 2 Bd. Frankfurt: Suhrkamp.
Buchholz, M. & Gödde, G. (Hrsg.) (2012). *Der Besen, mit dem die Hexe fliegt. Wissenschaft und Therapeutik des Unbewußten*. Gießen: Psychosozial-Verlag.
Canestri, J. (Hrsg.) (2006). *Psychoanalysis. From Practice to Theory*. Chicester: Wurr Publisher Ltd.
Canestri, J. (Hrsg.) (2012). *Putting Theory to Work: How are Theories Actually Used in Practice*. London: Karnac.
Habermas, J. (1968/1973). *Erkenntnis und Interesse*. Frankfurt: Suhrkamp.

Fragen zum weiteren Nachdenken

- Lassen sich alle wissenschaftlichen Disziplinen in einen einheitswissenschaftlichen metatheoretischen Rahmen einordnen, gibt es grundlegende Formen wie den Typus empirischer Wissenschaft oder theoretischer Wissenschaft?
- Lassen sich die klassischen methodologischen Kontroversen um die Erkenntnisformen in den Wissenschaften, z. B. Naturwissenschaft versus Geisteswissenschaften, durch Rückgang auf grundlegende anthropologische Erkenntnisbedingungen entschärfen resp. klären?
- Kann eine Wissenschaft wie die Psychoanalyse aus ihrer genuinen Methode einen eigenen Typus von Wissenschaft entwickeln oder muss sie sich in den etablierten Kanon der Wissenschaften einordnen?

Teil 2 **Psychoanalyse als Erkenntnistheorie: Die psychoanalytische Erfahrung als Grundlage jeder psychoanalytischen Erkenntnistheorie**

6 Die Grundlagen der psychoanalytischen Erfahrung

> **Einführung**
>
> Das nun folgende Kapitel fragt nach den Erkenntniswegen in der psychoanalytischen Praxis. Es versucht also, aus dem genauen Verständnis der psychoanalytischen Erfahrung Grundlagen für die psychoanalytische Erkenntnistheorie herauszuschälen. Die psychoanalytische Praxis aber ist fundiert in den Grundregeln des psychoanalytischen Verfahrens, die auch für die erkenntnistheoretische Standortbestimmung grundlegend sein müssen. Daher stehen die Gedanken zum psychoanalytischen Hören am Anfang des Kapitels.

Lernziele

- Erfahrungs- und Beobachtungswissenschaft unterscheiden können
- Die Bedeutung der Grundregel für die Hörerfahrung in der psychoanalytischen Kur beschreiben können
- Die Widerstände des Psychoanalytikers gegen die Erfahrung des Anderen in der Kur definieren können
- Die Positionen von Th. Reik und W. R. Bion, die Grundlagen der psychoanalytischen Erfahrung betreffend, differenzieren können

Das Feld der psychoanalytischen Erfahrung soll hier ganz bewusst sehr weit gefasst werden, um nicht einem gängigen Missverständnis aufzusitzen, »Erfahrung« sei identisch mit »Beobachtung« und Psychoanalyse als Erfahrungswissenschaft sei mithin eine empirische Beobachtungswissenschaft. Daraus resultiert (▶ Kap. 4) eine auch für die psychoanalytische Methodologie oft missverständlich vorgenommene

Dichotomie zwischen Hermeneutik und Erfahrungswissenschaft (Mentzos, 1973; vgl. Strenger, 1991), die am Kern der psychoanalytischen Erfahrung vorbei geht. Die Psychoanalyse ist eine Erfahrungswissenschaft, aber keine Beobachtungswissenschaft (vgl. Adorno, 1966, S. 50 f.; vgl. Leuzinger-Bohleber, 2000), weil in der Psychoanalyse niemand einen anderen beobachtet. Die optische Wahrnehmung (»Beobachtung«) wird ja durch das analytische Setting aus guten Gründen vermieden zugunsten des akustischen und des sprachlichen Wahrnehmungsmodus (▶ Teil 3). Diese Idiosynkrasie der psychoanalytischen Erfahrung, die schon S. Freud mit Hilfe der Kategorien der »freien Assoziation« und der »gleichschwebenden Aufmerksamkeit« betont hatte, entzieht sich einer beobachtend-objektivierenden wissenschaftlichen Methode:

> »Ich kann es nicht empfehlen, während der Sitzungen mit dem Analysierten Notizen in größerem Umfang zu machen, Protokolle anzulegen u. dgl. [...] Man trifft notgedrungen eine schädliche Auswahl aus dem Stoffe, während man nachschreibt oder stenographiert, das in der Deutung des Angehörten eine bessere Verwendung finden soll« (Freud, 1912, S. 380).

Wenige Zeilen weiter heißt es:

> »Es ist nicht gut, einen Fall wissenschaftlich zu bearbeiten, solange seine Behandlung noch nicht abgeschlossen ist, seinen Aufbau zusammenzusetzen, seinen Fortgang erraten zu wollen, von Zeit zu Zeit Aufnahmen des gegenwärtigen Status zu machen, wie das wissenschaftliche Interesse es fordern würde. Der Erfolg leidet in solchen Fällen, die man von vornherein der wissenschaftlichen Verwertung bestimmt und nach deren Bedürfnissen behandelt; dagegen gelingen jene Fälle am besten, bei denen man wie absichtslos verfährt, sich von jeder Wendung überraschen läßt, und denen man immer wieder unbefangen und voraussetzungslos entgegentritt« (a. a. O.).

Freud fasst diese Grundeinstellung der analytischen Methode als »psychoanalytische Grundregel« der »freien Assoziation« und der »gleichschwebenden Aufmerksamkeit« zusammen, die er – erstaunlich für die damalige Zeit – bereits mit der Wahrnehmungsmodalität des Sprechens und Hörens (nicht also des Beobachtens und Kontrollierens) und der Technik der Erfassung derselben (mit der Telephonmetapher) als unabdingbare Voraussetzung der genuinen psychoanalytischen Deutungstechnik in Zusammenhang bringt. Über die Regeln des psychoanalytischen Diskurses als einer Kommunikation (von unbewusst zu unbewusst) schreibt er:

6 Die Grundlagen der psychoanalytischen Erfahrung

»Sie [die Regeln des analytischen Diskurses, JK/RPW] wollen alle beim Arzte das Gegenstück zu der für den Analysierten aufgestellten ›psychoanalytischen Grundregel‹ schaffen. Wie der Analysierte alles mitteilen soll, was er in seiner Selbstbeobachtung erhascht, mit Hintanhaltung aller logischen und affektiven Einwendungen, die ihn bewegen wollen, eine Auswahl zu treffen, so soll sich der Arzt in den Stand setzen, alles ihm Mitgeteilte für die Zwecke der Deutung, der Erkennung des verborgenen Unbewußten zu verwerten, ohne die vom Kranken aufgegebene Auswahl durch eine eigene Zensur zu ersetzen, in eine Formel gefaßt: er soll dem gebenden Unbewußten des Kranken sein eigenes Unbewußtes als empfangendes Organ zuwenden, sich auf den Analysierten einstellen wie der Receiver des Telephons zum Teller eingestellt ist. Wie der Receiver die von Schallwellen angeregten elektrischen Schwankungen der Leitung wieder in Schallwellen verwandelt, so ist das Unbewußte des Arztes befähigt, aus den ihm mitgeteilten Abkömmlingen des Unbewußten dieses Unbewußte, welches die Einfälle des Kranken determiniert hat, wiederherzustellen« (a. a. O., S. 381 f.).

Diese analytische Grundhaltung und der Grundriss der analytischen Technik wird nach Freud immer weiter differenziert (insbesondere von Theodor Reik (1948/1976) und W. Bion (1962/1963, 1970/2006; vgl. R. Zwiebel, 2013).

Theodor Reik betont insbesondere den Charakter des Unerwarteten, des Überraschenden in der psychoanalytischen Erkenntnis als einer vom Begehren beider Interaktionsteilnehmer modulierten Operation: Er spricht von der »inneren Erfahrung des Analytikers«, dessen »Hören mit dem Dritten Ohr« – eine Metapher Nietzsches – eine gewisse Suspension seines theoretischen Denkens im analytischen Prozess voraussetzt:

»Die Psychoanalyse ist in diesem Sinne nicht so sehr ein Herz-zu-Herz-Gespräch wie ein Trieb-zu-Trieb-Gespräch, ein unhörbarer, aber höchst ausdrucksvoller Dialog. Der Psychoanalytiker muß lernen, wie einer zum Anderen ohne Worte spricht. Er muß lernen, mit ›dem dritten Ohr‹ zu hören […] Es stimmt nicht, daß man schreien muß, um verstanden zu werden. Wenn man gehört werden will, dann flüstert man« (Reik, 1948/1976, S. 165).

Das theoretische Denken hingegen stellt einen Widerstand gegen die analytische Erfahrung (a. a. O., S. 322 f.) dar, welche in einem Verstehen der »Sprache des Unbewußten« (a. a. O., S. 327) besteht, auf die der Analytiker »antworten« will. Die »psychoanalytische Antwort« ist die »innere Erfahrung dessen, was der Analytiker wahrnimmt, empfindet, fühlt, wenn er den Patienten betrachtet […]. Die Antwort ist somit der dunkle Boden, in dem unser Verstehen der psychischen Vorgänge seine Wurzeln hat. Aus diesen Wurzeln, die tief in der Erde verborgen sind, taucht unsere intellektuelle, logische Erfahrung des Problems auf. Aus diesen verborgenen Wurzeln wächst der Baum des psychoanalytischen Wissens« (a. a. O., S. 326). Eine solche Antwort aus dem Unbewussten ist weder theoretisch ableitbar aus dem Vorwissen, das uns unsere Theorie bietet, noch aus unserer Kenntnis der Biographie des Patienten alleine. Die psychoanalytische Antwort in der Sprache des Unbewussten ereignet sich stets als eine »Überraschung«:

> »Die Antwort hat in dem Augenblick, in dem wir die tiefsten Einsichten in das Unbewußte erreichen, den Charakter der Überraschung. Eine solche Überraschungsantwort wird natürlich nie auftauchen, wenn der Analytiker das unbewußte Material theoretisch angeht. Er wird dann nur sehen, was er zu sehen erwartet, und das, was nicht in sein theoretisches Schema passt, vernachlässigen, verzerren oder übersehen« (a. a. O., S. 327).

Nur: Was mag Reik meinen mit seiner Andeutung, die analytische Antwort müsste aus der Persönlichkeit des Analytikers kommen, aus den dunklen Wurzeln seines Persönlichkeitsfundus, der ihn von bloßen Personen, also von analytischen Masken oder Fassaden, gemäß der antiken Bedeutung des Wortes, unterscheidet? Seine zunächst so plausible Kritik am theoretischen Vorwissen des Analytikers als eines Widerstands im analytischen Prozess mündet in die Annahme einer quasi-religiösen, für das Denken transzendenten Seinserfahrung des Unbewussten, die sich dann allem technischen Umgang und aller rationalen Lernerfahrung entzöge. Die Unverfügbarkeit dieses Persönlichkeitsfaktors für die Reflexion auf den Reifungsprozess würde erneut Fragen provozieren wie die, ob denn die Psychoanalyse eine Wissenschaft sei.

Andererseits ist nun aber Reiks Wort von der »Sprache des Unbewussten« so präzise, da sich all die Prozesse der psychoanalytischen Erfahrung, wie wir sie dann erkenntnistheoretisch noch vertiefen werden (▶ Teil 3), an und mit der Sprache ereignen, im Dialog, der die transzendentale Bedingung der Möglichkeit psychoanalytischer Erkenntnis ist, den zu transzendieren umgekehrt heißen würde, das Feld der Psychoanalyse zu verlassen. Die psychoanalytische Erfahrung selbst ist es, die das Korrektiv darstellt für alle theoretischen Kategorien des analytischen Verstehens und Erklärens; sie wirkt als Widerstand gegen heterogene theoretische, auch gegen wissenschaftstheoretische Usurpationen.

6 Die Grundlagen der psychoanalytischen Erfahrung

Einen Hinweis auf die bei Reik offen gebliebene Frage nach dem Grund der Persönlichkeit, dem dunklen Erdreich, in dem die Wurzeln des psychoanalytischen Prozesses verborgen sein sollen und aus dem heraus das Sprechen in der Psychoanalyse geschehen soll, finden wir in W. R. Bions ganz analogem Versuch, das Sprechen in der Analyse aus einem Bereich jenseits von bewusster Aufmerksamkeit und Wissenwollen des Analytikers, also jenseits des theoretischen Eros entspringen zu lassen. Bion nennt diesen theoretischen Eros treffend die »Opazität von Erinnerung und Begehren «/» the opacity of memory and desire«: Unser Vor-Wissen in jeder Stunde und unser eigenes Begehren als Analytiker, z. B. dem Patienten helfen zu wollen, ihn verstehen zu wollen im Sinne eines empathischen Sich-Anschmiegens im Wohlgefühl der innigen Übereinstimmung, ihn nicht alleine lassen zu wollen mit seinen Ängsten und Konflikten, vielleicht auch erfolgreich sein zu wollen mit einem schwierigen Patienten oder mit einer theoretischen Hypothese, die wir auf diesen »Fall« so treffend anwenden können, all diese Momente des Begehrens des Analytikers (desire) und seines Vor-Wissens (memory) sind ein Widerstand, der sich wie eine trübe Milchglasscheibe (»opacity«) zwischen uns und das Unbewusste des Analysanten schiebt (Bion, 1970/ 2006, S. 41 ff.). Der innere Raum des Analytikers bzw. der Zwischenraum der Übertragung (vgl. intercorporéité nach Merleau-Ponty) fungiert als Reservoir von »Memories« (Container-Modell), die der Analytiker dann leicht zur eigenen analytischen Befriedigung aufzubewahren droht, zur analytischen Selbstbefriedigung, was ihn nun aber daran hindert, den eigentlichen »act of faith«, die analytische Erfahrung, zu vollziehen.

Bion fordert für den Analytiker eine strenge intellektuelle Disziplin, eine »mental fitness«, die gerade nicht in einer psychischen Aktivität und Anstrengung besteht, sondern auf einem Aufgeben derselben beruht, einer Suspension von »mental activity, memory and desire«. Aus diesem Ethos der »mental fitness« hören wir nun erneut – wie oben schon bei Th. Reik gezeigt – alsbald eine gewisse parareligiöse Grundhaltung und insofern wiederum eine implizite Theorie (a. a. O., S. 67 ff.) heraus, die der Explikation bedarf. Bion benennt diese religiöse Emphase in der analytischen Grundhaltung recht klar:

> »Anzustreben ist eine Aktivität, die sowohl die Wiederherstellung Gottes (der Mutter) als auch die Evolution Gottes (des Formlosen, Unendlichen, Unsagba-

ren, Nicht-Existenten) ist und die nur in einem Zustand möglich wird, indem es KEINE Erinnerung, KEINEN Wunsch und KEIN Verstehen gibt« (a. a. O., S. 147).

Bions Emphase des analytischen Hörens im Hier und Jetzt unter Suspension der Vergangenheit (memories) und der Zukunft (desire) lässt eine tiefe Ambiguität des aktuellen Zuhörens und Sprechens erahnen. Die theoretische Präokkupation des Analytikers, auch die, etwa mit Protokollschreiben beschäftigt zu sein, also in seiner Phantasie bei einem imaginären Zuhörer zu weilen, oder eben bei seinem nächsten wissenschaftlichen Text, oder auch bei religiösen Exerzitien, auf jeden Fall aber nicht bei seinem Analysanten, ist ein Widerstand, der die Erfahrung des Augenblicks, des »Kairós«, in der allein die Deutung oder die Antwort des Analytikers möglich wird, trübt, also opak macht.

Bions stoisches Ethos einer mental fitness bzw. einer Kunst des Nicht-Wünschens und Nicht-Erinnerns für den Analytiker lässt also auch so verstehen, dass die eigenen Einfälle des Analytikers im Bezug zum Gehörten in einer merkwürdigen Schwebe bleiben, weil sie ja spontan nicht – wie einer umgangssprachlichen Konversation – mitgeteilt werden, sondern einem inneren Verarbeitungsprozess im Analytiker (Rêverie) unterliegen, in dem die Mitteilungen, die oft den Charakter bizarrer, unverdauter und scheinbar unverdaulicher Botschaften aus dem Unbewussten haben (β-Elemente nach Bion) durch den Transformationsprozess im Analytiker als verträgliche Antworten (α-Elemente) dem Analysanten zurückvermittelt werden. Darin besteht die analytische Rêverie nach Bion, die wir als Weiterentwicklung von Freuds »gleichschwebender Aufmerksamkeit« interpretieren können. Ralf Zwiebel hat in mehreren Arbeiten (vgl. jetzt Zwiebel, 2013, Kap. 3, S. 96 ff. und Kap. 5, S. 160 ff.) diese analytische Haltung als Spannung zwischen Anfängergeist und Expertengeist (in Analogie zu zen-buddhistischen Übungen) weiter geklärt (und gegenüber Bion entmystifiziert) bzw. als Haltung des träumenden Analytikers differenziert. Wir werden in Teil 3 diesen Faden des Diskurses wieder aufnehmen.

6 Die Grundlagen der psychoanalytischen Erfahrung

Zusammenfassung

Das psychoanalytische Verfahren ist fundiert in den Grundregeln der freien Assoziation auf Seiten des Analysanten und der gleichschwebenden Aufmerksamkeit auf Seiten des Analytikers. Sie erlauben es, die unbewussten Dimensionen der psychoanalytischen Begegnung zu erahnen. Dabei müssen die Widerstände zu sprechen und die Widerstände zu hören abgebaut werden. Wesentlich ist der zumindest vorläufige Verzicht auf Einordnung und Anknüpfung des Gesprochenen oder Gehörten. Dieses träumerische Einfühlungsvermögen ist freilich genau von jedem Anklang an Mystizismus zu befreien. Eine unmittelbare Kommunikation zwischen unbewussten Anteilen von zwei Persönlichkeiten gibt es nicht. Die psychoanalytische Erfahrung geht daher negativ vor, sie bedient sich des Abbaus all der Voreingenommenheiten, die Erfahrung verhindern, die indes nie gänzlich aufzuheben sind.

7 Der Gegenstand der psychoanalytischen Erkenntnis

> **Einführung**
>
> Nach der Fundierung der psychoanalytischen Erkenntnis in einer spezifischen Haltung geht es nun darum, zu bestimmen und zu klären, was der Gegenstand der psychoanalytischen Erkenntnis überhaupt ist. Von den inhaltlichen Bestimmungen wird abhängen, wie die Praxis gestaltet, aber auch bewertet wird.

Lernziele

- Den Gegenstand der psychoanalytischen Erfahrung bestimmen können
- Die Problematik einer angemessenen Beschreibung des Gegenstandsbezuges für die psychoanalytische Erfahrung verstehen

Für A. Lorenzer ist der Gegenstand der Psychoanalyse zu suchen in der »bestimmten Interaktionsform«:

> »Der gesuchte Gegenstand dieses hermeneutischen Vorgehens sind die geschilderten Szenen als Ausdruck der Interaktionsformen des Patienten. Die analysierten Symptome und Verhaltensphänomene werden auf bestimmte Interaktionsformen reduziert. Genauer, Symptome (Körper- wie Verhaltensstörungen) werden auf gestörte bestimmte Interaktionsformen zurückgeführt; das Symptom wird als Teil einer gestörten Interaktion aufgrund gestörter bestimmter Interaktionsformen des Patienten begriffen« (Lorenzer, 1972, S. 131).

Gewiss, Lorenzer kommt für die Thematik, die uns in diesem Buch beschäftigt, das große Verdienst zu, die Frage nach der Wissenschaftstheorie und der Erkenntnisgrundlage der Psychoanalyse als erster mit systematischer Gründlichkeit und methodischer Klarheit gestellt und an ihr festgehalten zu haben. Dennoch lohnt es, im »Zeitenabstand« auf die gewichtigen Texte zurückzuschauen. 40 Jahre nach »Die Wahrheit der psychoanalytischen Erkenntnis« fällt die Wortwahl des Autors auf. Auf engstem Raum wird hier der Störungsbegriff eingeführt und der Analysant ohne weitere Umschweife als »Patient« bezeichnet. Auf diese Weise wird der Gegenstand der Psychoanalyse in zweifacher Hinsicht verkürzt, auf die Interaktionsform, also die unbewusst inszenierten Beziehungsmuster, ohne dass die Sprache und das Sprechen betont wären, und auf die fehllaufenden und verzerrten Muster, also auf Pathologie.

Schauen wir uns deshalb nach anderen, zeitgemäßeren Lösungen um. Nissen schlägt vor, »den Gegenstand der Psychoanalyse im dynamischen Unbewussten mit seinen vorbewussten und bewussten Ausbildungen zu suchen« (Nissen, 2009, S. 369). Und er fährt fort: »Das dynamisch Unbewusste ist meines Erachtens der Strukturkern der psychoanalytischen Theorie, das basale metatheoretische Konzept, geschützt vor Widerlegungen.« (ebd.). Wenn diese beiden Aussagen miteinander verbunden werden, liegt allerdings die Gefahr eines Zirkelschlusses nahe: Der Strukturkern der Theorie wird zum Gegenstand des Verfahrens. Die Gefahr eines Missverständnisses ist groß, nämlich dass die Praxis gegenüber den theoretischen Setzungen abgewertet wird und in der Praxis bloß das entdeckt wird, was in den grundlegenden theoretischen Konzepten postuliert oder gesetzt worden ist. Unabhängig davon und darüber hinaus ist fraglich, ob etwas per definitionem Ungegenständliches wie »das Unbewusste« überhaupt Gegenstand eines Verfahrens sein kann. Wir können aus diesen Definitionsversuchen lernen, was der Gegenstand der psychoanalytischen Erfahrung sein muss: Er darf sich nicht nur aus der Theorie ableiten, sondern muss in irgendeiner Weise mit der sinnlichen Praxis der Kur verbunden bleiben. Die Definition, die der Gegenstand der psychoanalytischen Erfahrung erhält, muss vielmehr in der Lage sein, Theorie und Praxis miteinander zu vermitteln.

Darum scheint uns die Wahl, die Lili Gast trifft, sinnvoll zu sein:

> »So findet die Erkenntnistheorie der Psychoanalyse ihren Gegenstand in der Analyse der inneren Ausgelegtheit des Subjekts sowie der Bedingungen und der Beschaffenheit jener strukturbildenden Prozesse, die die Subjektkonstitution begleiten und, diesen Topos verdichtend, in der Frage nach dem ersten In-Erscheinung-Treten des Psychischen, nach dem, wie Freud es nannte, ›Anfang des Seelenlebens‹« (Gast, 2006, S. 15).

Gast sagt nicht, dass der Gegenstand die Subjektivität ist, sondern »die innere Ausgelegtheit des Subjekts«. Das klingt sperrig, aber leichter ist die Gegenstandsdefinition auch nicht zu haben. Die psychoanalytische Kur erlaubt nicht eine Begegnung mit dem Subjekt intentione recta, sie befasst sich stattdessen mit der Negativität des Subjekts, das als entzogenes sich anzeigt und von den Auslegungs- und Selbstinterpretationsinstanzen umkreist und immer verfehlt wird, zu dem es aber keinen anderen Zugang als diesen indirekten gibt. Das Subjekt, um das es hier geht, eröffnet sich ausschließlich und nur einer »radikalen Dekonstruktion des Subjekts« (a. a. O., S. 20 f.). Darauf, auf diesen Gegenstand, richtet sich die Praxis der psychoanalytischen Kur ein. Oder müsste es umgekehrt heißen? Denn folgt nicht die Theorie einer Praxis, die es erlaubt, intentione obliqua mit der Negativität des Subjektes zu konfrontieren?

»Nicht nur folgt Freuds Erkenntnismethode also der Eigenheit des Gegenstands in nachgerade radikal zu nennender Weise […]; Freuds Subjekttheorie wird auch zur Chiffre, zum Emblem – zum Symptom? – seines Erkenntnisprozesses und seines Erkenntniswunsches selbst.« (a. a. O., S. 19).

Zusammenfassung

Der Gegenstand der psychoanalytischen Erfahrung ist die »innere Ausgelegtheit des Subjekts«. Das bedeutet, dass die im Unbewussten verankerte Subjektivität des Analysanten nicht auf direktem Weg erfragt oder erfasst werden kann. Zwar legt sich das Subjekt immer schon selbst aus, es verfehlt sich aber in den bewussten Selbstinterpretationsmustern notwendigerweise. Die unbewusste Subjektivität erschließt sich daher nur indirekt, durch die Leerstellen, die Auslassungen und Widersprüche der Aussagen und des Verhaltens, die negative Hinweise auf das darstellen, was fehlt.

8 Das Material der psychoanalytischen Erkenntnis

> **Einführung**
>
> Die psychoanalytische Praxis wird von den an ihr teilnehmenden Personen gestaltet. Es gibt nicht den neutralen und unbeteiligten Analytiker, der nur die Übertragungen, die gleichsam naturwüchsig entstehen und die vom Analysanten ausgehen, registriert. Die Inhalte der Übertragung liegen nicht vor, sie ruhen nicht in irgendwelchen seelischen Räumen der Person des Analysanten und warten nicht einfach auf ihre Realisierung. Vielmehr entsteht das Übertragungsfeld in der Beziehung.

Lernziele

- Die Übertragung nicht als Spiegelung des Innenlebens des Analysanten, sondern als Teil einer Beziehungsinszenierung verstehen
- Den konstruktiven Charakter der psychoanalytischen Situation erkennen können, also die Generierung des Materials der psychoanalytischen Erkenntnis in der Therapiesitzung

Das Material psychoanalytischer Interpretation geht der psychoanalytischen Situation nicht voraus, es wird nicht in die Stunde mitgenommen und von außen an sie herangetragen. Die Deutung bezieht sich auf unbewusstes, affektiv bedeutsames Material, das nicht unabhängig von der psychoanalytischen Arbeit existiert; sie bezieht sich nicht einfach auf etwas, dass der Analysant durch Erzählung oder Verhalten präsentiert. Das Material psychoanalytischer Deutung wird in der komplexen psychoanalytischen Situation allererst geschaffen, indem es in der Gegenwart der Stunde zur Sprache kommt oder aber inszeniert wird:

Heute stimmen die psychoanalytischen Schulen aller Richtungen darin überein, dass das wesentliche Moment psychoanalytischer Arbeit, und das heißt auch der Deutungsarbeit, an der Übertragung ansetzt (vgl. Gill, 1996). Der Analytiker erfährt, da er sich auf den Analysanten einstellt, im Verlauf der analytischen Stunde gleichsam am eigenen Leib, in den eigenen Emotionen etwas von dem Beziehungsangebot, das der Patient macht, besser gesagt: Er erlebt bei sich einen nicht expliziten, aber gleichwohl sich durchsetzenden Zwang, ein Beziehungsangebot des Patienten aufzugreifen und darauf zu reagieren. Die Bereitschaft, Übertragungen aufzunehmen und auf sie einzugehen, setzt eine spezifische Haltung voraus; Bion spricht davon, dass der Analytiker ohne Gedächtnis und Wunsch in die Stunde gehen müsse (Bion, 1970). Er muss sich also, soweit dies möglich ist, von Voreingenommenheiten, seien sie solche der Theorie, seien sie solche des bisher erlebten Verlaufs der Analyse, freimachen. Denn diese – darauf wurde schon hingewiesen – werden zu Widerständen gegen die analytische Arbeit.

Sicherlich ist es möglich, z. B. schriftliche Berichte einer Lebensgeschichte, die vielleicht sogar spontan und unvoreingenommen verfasst worden sind, nach psychoanalytischen Gesichtspunkten auszuwerten. Eine so geartete Textinterpretation nach vorgegebenen, durchaus psychoanalytisch-theoretischen Kriterien gleicht aber einer psychoanalytischen Deutung nicht. Diese geht nicht darin auf, psychoanalytisches Wissen auf in Selbsterzählungen oder Texten objektivierte Lebensgeschichten anzuwenden. Psychoanalytische Interpretation muss dort willkürlich sein, wo das Material der Interpretation einseitig, nämlich auf der Seite des Interpretierenden, herausgearbeitet wird. Die Deutungstätigkeit in der psychoanalytischen Kur bezieht sich vielmehr auf unbewusstes, affektiv bedeutsames Material, nicht einfach auf etwas, das der Analysant durch Erzählung oder Verhalten bloß von sich aus und ohne Ansehen und Einfluss der Person des Analytikers präsentiert. Das Material gestaltet sich also jedes Mal neu in der affektiven, unbewussten Interaktion zwischen Analysant und Analytiker (vgl. Zwiebel, 2013).

Die Bedeutung der Übertragung ernst zu nehmen, hat allerdings Folgen. Vielfalt und Variabilität des zu deutenden Materials müssen nicht erst bei den Deutungsinhalten, sondern bereits bei der gegenwärtigen Generierung von Deutungsmaterialien gesucht werden. Beziehungsinszenierungen, Übertragungskonstellationen wandeln sich, von einer Sitzung zur nächsten, sicher im Prozess der Analyse. Das Material bleibt auch nicht unverändert, wenn die Personen wechseln, etwa wenn mit dem gleichem Analysanten ein zweiter und neuer Analytiker spricht. Damit werden die Erkenntnisse der ersten oder der zweiten psychoanalytischen Konstellation nicht wahrer oder unwahrer; der Wahrheitsanspruch psychoanalytischer Interpretation ist durch diese Variabilität nicht erschüttert. Denn die psychoanalytische Erkenntnis richtet sich auf je verschiedene, von den Personen eben nicht ablösbare Grundlagen. Weiterhin ergibt sich aus dem Konzept der Übertragungsinszenierung, dass dort, wo der Analytiker diese Inszenierung mitauszubilden hilft – und er kann nicht anders, als dies zu tun –, jede Interpretation auch notwendig Selbstinterpretation ist, und zwar in Bezug auf die Anteile, die der Analytiker am Zustandekommen der Übertragungsszene hat.

Zusammenfassung

Die psychoanalytische Erfahrung richtet sich auf ein Material, das nicht vorgängig vorhanden ist, sondern das sich erst in der Entwicklung der Übertragungsbeziehung konstelliert und dann gedeutet werden kann. Dieses Material entsteht aus der Inszenierung der unbewusst gebliebenen Beziehungsformen, in die der Analytiker zunächst einmal einbezogen ist. Psychoanalytisch gesehen gibt es keine abstrakte, vom Subjekt losgelöste Interpretation des Gegenstandes, jede Interpretation ist zugleich auch Selbstinterpretation. Wenn mit der Übertragung die besondere Beziehungserfahrung betont wird, dann entsteht das Material psychoanalytischer Interpretation als Folge gegenwärtig gebildeter Beziehungskonstellationen und lässt sich also vorgängig theoretisch nicht umfassend bestimmen.

9 Methoden der psychoanalytischen Erkenntnis

Einführung

Die Methodik der psychoanalytischen Erkenntnis zu beschreiben, dies erscheint zunächst einmal einfach zu sein: es ist die Deutung der Übertragungsbeziehung. Aber der Deutungsbegriff bedarf selbst der Ausdeutung, die Deutung richtet sich ja auf unterschiedliche Sachverhalte. Ebenso verlangt der Übertragungsbegriff nach einer Klärung. Der Analytiker oder die Analytikerin nimmt selbst an der Beziehung teil, die nachher gedeutet wird. Er oder sie spielen mit, sind an der Beziehungsinszenierung beteiligt, die in einem nächsten Schritt wieder hinterfragt und dadurch aufgehoben wird. Der Analytiker ist nicht derjenige, der das analytische Gespräch gleichsam in der Hand hat oder es steuern könnte. Vielmehr muss die eigene Position, aus der heraus eine Deutung formuliert wird, immer neu hinterfragt und bestimmt werden, sie kann niemals als selbstverständlich vorausgesetzt werden.

Lernziele

- Die trianguläre Struktur des Deutungsraums, der in der psychoanalytischen Stunde aufgespannt werden muss, reflektieren
- Die selbstkritische oder selbstreflexive Haltung des Analytikers als notwendige Bedingung des analytischen Verfahrens würdigen können
- Die Bedeutung der Negativierung im Wechselspiel von Beziehungsinszenierung und Aufspannen eines Deutungsraums beschreiben können

Die psychoanalytische Interpretation setzt mit der Deutung der Übertragung oder mit ihren Vorstufen an. Die Übertragungsbeziehung ist

Gegenstand der Deutung, auf diese Weise eröffnen sich neue Perspektiven auf die eigene Vergangenheit, ja diese selbst wird überhaupt erst zur Vergangenheit macht. Die Selbstreflexionsfähigkeit des Bewusstseins ist beschränkt, nur mit Hilfe des Nebenmenschen kann sie erweitert werden: »Am Nebenmensch lernt der Mensch erkennen« (Freud & Breuer, 1895/ 1970, S. 415, zit. n. Loch, 1993, S. 51). Die Deutung des Analytikers provoziert eine veränderte Selbstinterpretation des Analysanten. Damit ist aber die psychoanalytische Deutungstätigkeit nicht vollständig beschrieben. Sie bezieht sich ja nicht nur auf die unbewusst gewordenen Erlebnisinhalte, sondern auch auf die Abwehr, das heißt, auf die Mechanismen der Selbstverbergung, die es verhindern, dass die Selbstreflexion zu den Erlebnisinhalten Zugang findet. Es werden also nicht nur verdrängte Inhalte, sondern auch die Mechanismen der Entstellung selbst gedeutet. Selbstreflexion wird also nicht nur erweitert, sondern auch dekonstruiert; die Beschränkung der Selbstinterpretation, die Grenzen des Sich-Verstehens, ja sogar die Mechanismen solcher Beschränkungen und Begrenzungen werden verständlich gemacht.

Nichts wäre freilich für den Analysanten gewonnen, wenn der Analytiker so wie jedes andere Objekt in der Beziehungsgeschichte reagieren würde. Das passiert ja durchaus; frühzeitig wurde ein eigener Terminus dafür gefunden, das Agieren, das rasch abfällig und nur als falsche Technik angesehen wurde. Sicherlich, wird in der Analyse die imaginäre Beziehung einfach bekräftigt, reagiert, handelt und spricht der Analytiker aus der Übertragung heraus, dann wird sich nichts an den Fähigkeiten des Analysanten ändern können, die wir vorhin dargestellt haben. Andererseits ist es wohl nicht möglich, Identifikation und Einfühlung von der Teilnahme zu trennen. Um den Anderen zu verstehen, muss ich mich – auch in der Analyse – auf ihn einlassen, und das heißt, dass ich in kleinsten Quanten mit-agiere (für den folgenden Abschnitt vgl. Küchenhoff, 2013a).

Allerdings ist die »therapeutische Ichspaltung« nicht auf den Analysanten beschränkt, sondern auch und gerade eine Aufgabe des Analytikers. Er muss ja von den unbewussten Objektbeziehungsangeboten sich wieder lösen können, sie also vor sich bringen können. Es geht darum, dass er es vermag, in sich einen Raum der Deutung aufzuspannen. Dieser Phantasieraum ist die Voraussetzung dafür, dass er die unbewussten Beziehungsangebote ansprechen kann. Wenn die vorherrschenden Objektbeziehungen benannt sind, können die an sie gebundenen

Vorstellungen bearbeitet werden. So kann der Analytiker sein Erleben von dem, wie der Analysant die Beziehung gestaltet, mitteilen. Der Analysant kann so ein Gefühl dafür erhalten, wo er selbst etwas bewirkt und auslöst, selbst da, wo er sich bloß als passiv und vielleicht sogar Opfer der Verhältnisse um ihn herum erlebt. Am Ende dieser Reihe schließlich steht die Deutung im engeren Sinne, durch die die angesprochene und bearbeitete Beziehungskonstellation mit genetischen Hypothesen verknüpft wird. Der Raum, den der Analytiker aufspannt, erzeugt Abstand, eine kritische Distanz, die die Voraussetzung der Deutung ist. Diese Distanzierung aber führt nicht dazu, dass das gemeinsam erarbeitete Narrativ verlassen wird, weil sie ja auf die geteilte Beziehungserfahrung bezogen bleibt.

Sicherlich, es ist undenkbar, dass in die Deutungsarbeit des Analytikers nicht die Vorurteile einfließen, die seine Erkenntnis steuern (vgl. dazu besonders Canestri, 2006). Aber sie kommt ohne normative Absicherung aus, sie ist konjektural, sie bietet eine Beschreibung dessen an, was als aktuelle und gegenwärtige Erfahrung gemeinsam geteilt oder eben nicht geteilt wird, was als Wunschwelt die Beziehungsangebote gestaltet. Jede Deutung ist ein Deutungsangebot, das nicht auf Wahrheit zielt, sondern auf die Erweiterung der Selbstdeutung; ihre Richtigkeit ermisst sich daran, ob sie ein Nachdenken anstößt. Aus der Frage nach der Wahrheit wird eine Frage nach der Verwertbarkeit der Deutung für den eigenen identitätskritischen Prozess des Analysanten, also ein pragmatisches Kriterium (vgl. Loch, 1993).

Die Position, die der Analytiker einnimmt, ist, wir haben es bereits mehrfach betont, nicht von vornherein definiert. Es ist seine Aufgabe, diese Position jeweils zu bestimmen. Dabei geht er selbstkritisch vor. Er hat sich immer neu zu fragen, wo er in den Beziehungsangeboten mitspielt, welche Rolle er einnimmt, wie er seinerseits nicht nur antwortend und reaktiv, sondern auch aktiv-gestaltend die Beziehung prägt, ohne dies intendiert zu haben. Seine (Selbst-)Kritik richtet sich auf das immer neu sich konstellierende Wechselspiel von Handlungsdialog und Deutungssprache. Nicht immer ist die Grenzlinie dabei leicht zu ziehen.

Ein Beispiel soll dies erläutern; der Analytiker versteht die Übertragungsangebote, er deutet sie, und in der Deutung argumentiert er aus der Position des Wissenden heraus – er sagt vielleicht das Richtige, aber er sagt es so, dass er den Wunsch des Analysanten, endlich geleitet oder geführt zu werden, befriedigt. So wird aus dem Interpreten wieder der Mitspieler.

Lacan spricht davon, dass der Analytiker das sujet supposé savoir ist, dem also Wissen unterstellt ist, der aber über dieses Wissen nicht ohne weiteres verfügt, der stets in Gefahr ist, in einen Herrendiskurs zu verfallen, also Macht auszuüben (Lacan, 1978/1980, S. 242 ff.; vgl. Widmer, 1990, v. a. 158 ff.). Immer muss der Gefahr begegnet werden, dass das Verhältnis von Selbstinterpretation (des Analysanten) zur Deutung (des Analytikers) zu einem Abhängigkeits-, ja sogar einem Unterwerfungsverhältnis werden kann. Gerade dies ist der Psychoanalyse ja oft vorgehalten worden, dass sie Hörigkeiten schafft, anstatt Abhängigkeiten abzubauen. Aber die Analyse der therapeutischen Beziehung wäre halbiert, würde sie dort Halt machen, wo die Deutungsmacht des Analytikers beginnt. Vervollständigt kann sie nur darin, dass der Analytiker als deutendes Subjekt selbst auch dekonstruiert wird. Nicht nur die Selbstinterpretation des Analysanten, sondern auch die Deutungsposition des Analytikers muss also auf ihre Grundlagen hin befragt werden. In der klassischen analytischen Literatur wird, um diesen Sachverhalt zu umreißen, betont, dass die negative Übertragung in jedem Fall analysiert werden muss, wenn die Analyse vollständig sein soll. Dies gilt ebenso und vielleicht noch viel mehr für die diagnostische Ebene der therapeutischen Beziehung. Wenn der Analytiker also diagnostiziert, etwa wenn er einen Gutachtenantrag für die Krankenversicherungen verfasst, so ist die entscheidende Frage, ob die Diagnostik als unhinterfragter Machtaspekt außerhalb der analytischen Arbeit bleibt, oder ob sie in die kritische Befragung und Analyse von Beziehungsinszenierungen aufgenommen wird.

So wechseln die Interaktionspartner ihre Positionen. Der Wechsel der Positionen ist mit einer Negierung der jeweils eingenommenen Position verbunden. Diese Negation ist Arbeit, denn der Schritt, die eine Position zu verlassen, muss verkraftet und verarbeitet und der Wechsel anerkannt werden. Der Analytiker, der die Übertragungsbeziehung untersucht, muss sich von dem Beziehungsverlangen des Analysanten, das er befriedigen soll und vielleicht auch insgeheim befriedigen möchte, distanzieren und verabschieden, und dieser oft als Zurückweisung erlebte Schritt muss vom Analysanten überstanden werden. Dabei muss der Analytiker die Enttäuschung des Analysanten auffangen, dass er nicht in der Position des gewünschten Objektes verharrt. Der Analytiker muss in der Verhandlung mit den gesellschaftlichen Rahmenbedingungen der Analyse anerkennen, dass es ein Jenseits der Beziehung gibt, die die Möglichkeiten und Effekte der Beziehungsarbeit relativiert. Der Analysant muss ertragen, dass dieses Jenseits eine Beschränkung der Macht und der Möglichkeiten des Analytikers bedeutet. Der Analytiker muss sich vom eigenen Verlangen, dem Analysanten als kritischer Begleiter immer weiter und länger zur Verfügung zu stehen, verabschieden. Immer gilt es, im Wechsel der Positionen anzuerkennen, dass der jeweils andere nicht in der analytischen Beziehung aufgeht, dass mit dem Wechsel der Positionen die jeweils andere negiert wird. Dieses Negationsverhältnis zwischen den Positionen ließe sich in alle Richtungen weiter durchspielen. Hier geht es nur darum, dass die eine Position in die andere hineingreift, dass sie dennoch einander negieren, und dass diese Negation ausgehalten werden muss.

Das Wechselspiel der Negationen führt schließlich zu einer Infragestellung der Position des Analytikers insgesamt (vgl. dazu Teil 3). In jeder analytischen Ausbildung lernt der Kandidat, dass eine Analyse nicht beendet werden kann, wenn sie die Bearbeitung der negativen Übertragung nicht leistet. Dies heißt, dass die schwierigen, schlechten, grausamen Objektbeziehungen nicht aus der Übertragungsanalyse ausgespart werden dürfen, und dass zugleich die Identifikation mit dem Analytiker sich auflösen kann. Das geschieht nicht ohne Emotionen, ohne Widerspruch, ohne Kampf und Angriff (Küchenhoff, 2005a). Was entsteht aus diesen Angriffen, die notwendig für die Abgrenzung sind? Aus der Durcharbeitung der negativen Übertragung wird, erstens, die Negation der Übertragung. Hinter dem Übertragungsobjekt, das der Analytiker immer wieder wird, wird der Andere deutlich, also das am Analytiker, das die Angriffe übersteht, das in der Übertragung, also durch das Begehren des Analysanten nicht erreicht werden konnte (Küchenhoff, 2005b). Wenn dies geschieht, löst sich, zweitens, die kritische Position, die der Analytiker im beschriebenen Wechselspiel der Negationen innehatte, auf und geht auf den Analysanten über: Wenn der Analysant die eigenen Übertragungen selbst bedenken kann, wenn er dem Wechselspiel von Begehren und Mangel selber folgen kann, übernimmt er nicht nur die analytische Kritik, sondern entwickelt sie vielmehr für sich weiter. Wer sich selbst hinterfragen kann, braucht keinen Aufhänger, keinen Kristallisationspunkt der Kritik mehr. Die Analyse endet auf diese Weise in der Anerkennung: in der Anerkennung des jeweils Anderen als eines Anderen, der in der analytischen Beziehung nicht erreicht werden kann, und in der Anerkennung der Tatsache, dass die

Position der Kritik, die der Analytiker innehatte, haltlos geworden und auf den Analysanten übergegangen ist (Warsitz, 2004).

> **Zusammenfassung**
>
> Die Deutung, so wie sie im Rahmen der psychoanalytischen Kur angewendet wird, ist gekennzeichnet durch die interpersonelle Konstruktion des Deutungsgegenstandes, durch die Dekonstruktion der Selbstinterpretation, und zwar von allen an der Beziehung Beteiligten, und durch die überwiegend funktionale Zielsetzung der Erweiterung der Deutungsfunktion.

10 Ziele der psychoanalytischen Kur

> **Einführung**
>
> Es bleibt nun noch übrig zu bestimmen, was die Ziele der psychoanalytischen Kur sind. Die Frage ist nicht banal; bemisst sich der Erfolg einer psychoanalytischen Kur an äußeren Kriterien, die dann leichter messbar sind? Sind diese Kriterien auf die Symptomatik und das Leiden bezogen? Oder soll die psychoanalytische Behandlung Fähigkeiten der Persönlichkeit verbessern oder allererst schaffen? Ist dabei die Fähigkeit der Selbsterkenntnis und Selbstanalyse besonders wichtig? Wenn wir diese Frage bejahen, bleibt zu klären, welche Fähigkeiten wir darunter fassen.

Lernziele

- Therapeutische und analytische Behandlungsziele unterscheiden
- Die Dimensionen der Selbsterkenntnis unterscheiden
- Aus einer negativitätstheoretischen Sicht heraus die Ziele der Psychoanalyse beschreiben können
- Die Positionen von Paul Ricoeur zur »Phänomenologie des fähigen Menschen« kennen
- Die Positionen von Jacques Lacan und Richard Rorty zu den Zielen der Psychoanalyse kennen und aufeinander beziehen können

Was soll eine Psychoanalyse in der Kur erreichen? Wolfgang Mertens (1990) ist eine ausführliche Übersicht zu verdanken, die therapeutische und analytische Behandlungsziele unterscheidet. Zu den therapeutischen gehören Verhaltensänderungen und Symptomfreiheit, zu den analytischen die Förderung selbstanalytischer Fähigkeiten und die Durcharbeitung einer Übertragungsneurose. Mertens betont, dass die Fähigkeit zur Selbstanalyse nach Beendigung der Behandlung »mit als das wichtigste analytische Ziel betrachtet werden« (a. a. O., S. 158). Dieses Ziel erscheint uns entscheidend und wir werden abschließend auf es zurückkommen. Allerdings wirft die Zielformulierung eine neue Frage auf: Was macht die Fähigkeit zur Selbstanalyse aus? Rasch ließe sich sagen, dass die psychoanalytische Praxis sich darauf ausrichte, Selbsterkenntnis zu erweitern, also die Identität oder Selbstheit (ipséité) im Sinne von P. Ricoeur zu stärken oder zu erweitern (Ricoeur, 1990). Aber Psychoanalyse zielt nicht unvermittelt auf Lebenshilfe und Unterstützung des Selbstwertgefühls ab, wiewohl sie selbstverständlich dazu beitragen kann. Vielmehr führt sie dazu, eingespielte Identitätsvorgaben und Selbstbilder zu relativieren. Die Psychoanalyse stärkt nicht im Sinne einer Ermutigung und Förderung die Identität. Aber sie unterstützt den Analysanten dabei, bloß übernommene oder prekäre Identitätsvorgaben zu hinterfragen. Ein wesentlicher Punkt der analytischen Arbeit liegt deshalb in der selbstreflexiven Methode bzw. in der Art und Weise der Infragestellung nicht nur des Selbst, sondern auch der intersubjektiven Beziehungen und der Elemente, die diese Beziehung ausmachen. Dies gilt auch in der Behandlung von »Grenzfällen«. Sicherlich, wenn Patienten in die Analyse einbezogen werden, die in ihrer Identität labilisiert und in ihrer Reflexionsfähigkeit eingeschränkt sind, verhilft sie dazu, Funktionen zu stärken, sie verbessert die Verfügbarkeit mentaler Fähigkeiten, erweitert den Spielraum der Phantasien; der Analytiker hilft dabei, sicherer zu urteilen, Gefühlszustände besser zu benennen, zwischen sich und anderen besser zu trennen. In all diesen Fällen gibt der Analytiker die Bedingungen eines guten Lebens aber, und das ist zu betonen, nicht selbst vor; er hilft dabei, Möglichkeitsbedingungen für Veränderungen zu schaffen. Diese allerdings werden i. d. R. vom Analysanten selbst geschaffen. Freud wird nicht müde zu betonen, dass die Synthese nicht Aufgabe des Analytikers ist, sondern allein des Analysanten.[25]

---

25 »Ich kann aber nicht glauben, meine Herren, dass uns in dieser Psychosynthese eine neue Aufgabe zuwächst [...]. So vollzieht sich bei dem analytisch Behandelten die Psychosynthese ohne unser Eingreifen, automatisch und unausweichlich« (Freud, 1919/1974, S. 242 f.).

Auch wenn wir demnach das Ziel der Analyse nicht positiv, d. h. hier: setzend und feststellend, in bestimmten Werten verorten, so können wir uns, allerdings durchaus kritisch, auf die Gesichtspunkte beziehen, die Paul Ricoeur in seinem letzten Werk »Wege der Anerkennung« (Ricoeur, 2006) als Momente des Sich-selbst-Erkennens bezeichnet. Ricoeur zählt im Rahmen einer »Phänomenologie des fähigen Menschen«, die nicht auf die Psychoanalyse, sondern generell auf Selbsterkenntnis bezogen ist, folgende Kriterien auf: das Sagen-Können, das Bezeugen dessen, dass ich etwas tun kann; die Befähigung, erzählen und – genauer – sich selbst, die eigene Geschichte erzählen zu können, schließlich die Zurechenbarkeit eines Handelns oder Sprechens zur eigenen Person. Neben diesen Fähigkeiten gehören zur Selbsterkenntnis der Bezug der eigenen Identität zur Vergangenheit in der Erinnerung und der Bezug zur Zukunft im Versprechen. Um genauer benennen zu können, was die Ziele der Analyse sind, lassen sich die von Ricoeur genutzten Dimensionen als Ankerpunkte nutzen, freilich nicht, um die Dimensionen mit psychoanalytischen Beispielen auszufüllen und sie gleichsam zu erfüllen, sondern um sie als Ausgangspunkt zu nehmen, das negativistische Potential der analytischen Kur zu zeigen. Gehen wir also Schritt für Schritt die Kriterien Ricoeurs durch, um so die Ziele der Psychoanalyse ausdifferenzieren zu können.

10.1 Die Erweiterung des Sprachraums und die Fähigkeit, sich im Sprechen wiederzuerkennen

Wenn wir, mit Ricoeur, die Aussage oder das Aussagen in den Mittelpunkt unserer Aufmerksamkeit stellen, dann ist zugleich zu bedenken, dass die Fähigkeit des Subjekts, etwas von sich sagen zu können, nur abgeleitet und indirekt zugänglich ist. Am Anfang steht die Aussage, die sich auf einen Gegenstand in der Welt bezieht, von ihr wird auf den Aussageakt und dessen Vollstrecker zurückgeschlossen (Ricoeur, 2006, S. 127). Die Selbstfindung der Person, die Identifikation des Subjekts nimmt ihren Weg über das Sagen, vom Sprechen her wird das Subjekt erschlossen. Dieser Satz gilt auch für das Sagen-Können in der Analyse, denn im Sprechen zeigt sich, wie Lacan das treffend formuliert hat, das unbewusste Subjekt zwischen den Zeilen, als Verbindung der Signifikanten (Gondek, 2001). Analytische Selbstreflexion fördert Selbstheit also durch ein Hören (des Analytikers) auf – um wieder Lacan zu zitieren – das volle Sprechen (Lacan, 1953/1986, S. 84; vgl. 1978, S. 68); es ist keine mystische oder weihevolle Aussage des Unbewussten als einer zweiten Person, die hier vernommen wird, sondern ein Sprechen an den Rändern der intendierten Sprachäußerungen, so dass in den Worten ein Begehren, das anders als die bewussten Intentionen geartet ist, diese durchkreuzt. Analytische Arbeit ist ein genaues Hören auf das, was in der Analyse gesprochen wird. Immer noch vermag die Lektüre der »Traumdeutung« oder des Buchs über den Witz und seine Beziehungen zum Unbewussten zu faszinieren, weil in beiden so überaus fein auf die Sprache und das, was sie auslässt oder was die Worte umkreisen, geachtet wird. Welche Techniken auch immer zu diesem Zweck angewendet werden (Lacan etwa hat das Schweigen und die Skansion, die Zeitstrukturierung und variable Beendigung der Sitzung empfohlen): Das Ziel solcher Techniken ist es, ein nichtssagendes, leeres Sprechen leerlaufen zu lassen, um ein mit ihm zunächst übertöntes Begehren hörbar werden zu lassen, mit dem Ziel, sich auch in der eigenen Negativität und Destruktivität anzuerkennen (Langlitz, 2005). Das heißt also auch, dass zur Anerkennung des »Sagen-Könnens« gehört, das zuzugestehen, was den Worten entgeht, was ihnen über- oder vorgeordnet ist.

10.2 Die Anerkennung der eigenen Handlungen

Ricoeur betont, dass neben dem Sprechen auch das Handeln die Identität des Subjekts stärkt. Er benutzt das englische Wort agency, und steht damit klinischen Theorien, die die Selbstwirksamkeit als wesentlichen Motor des Selbstgefühls herausstellen, überraschend nah. Auch die Säuglingsforschung hat ja herausgestellt, wie wichtig für die frühe Entwicklung des Selbst dieses Gefühl der Selbstwirksamkeit ist, und es bleibt das ganze Leben über wichtig. Agency im Sinne Ricoeurs umschreibt die Fähigkeit des Subjekts, sich diese oder jene Vorgänge kausal zuzuschreiben, also unterscheiden zu können zwischen dem, was einfach geschieht, und dem, was wir geschehen machen. »Das Subjekt kann sich in der Erklärung von der Art ›ich war es, ich habe es getan‹ als ›Ursache‹ dieses ›Geschehenmachens‹ (an)erkennen.« (Ricoeur, 2006, S. 129). Nun muss in dieser Formulierung auf die Vergangenheitsform geachtet werden, in dem das Verb steht. Sie verweist auf den Modus der Nachträglichkeit, in dem das Subjekt sich seiner agency vergewissert. Nehmen wir als einfachstes Beispiel die Fehlleistungen. In diesen Handlungen, die wie ein Fehlgehen von Intentionen, wie ein Fehler erscheinen, zeigt sich im Nachvollzug, dass unbewusste Intentionen des Subjekts in sie verwickelt gewesen sind.

Die Psychoanalyse unterstellt einen unbewussten Teil der Subjektivität, die eine agency auch dort annimmt, wo sie vom Bewusstsein und dem Ich negiert wird. Diese Unterstellung zielt nicht auf eine Entlarvung ab, sondern vielmehr auf die Erweiterung der Basis personaler agency. Daher rührt die ganz andere Zuordnung des Symptoms in der psychoanalytischen Theorie, verglichen zur Psychopathologie. Nicht die Fremdartigkeit der symptomatischen Handlung wird herausgearbeitet, sondern vielmehr ihre Motivierung, ihre guten Gründe und ihr Sinn – mit der Folge, dass auf die Erschütterung der eingespielten Selbstvorstellung ein Gefühl von Bereicherung folgen kann, das mit der Erkenntnis der Selbstwirksamkeit zu tun hat.

Die psychoanalytische Arbeit an der verborgenen Handlungsintention ist, das gilt es zu betonen, nicht immer und umstandslos mit Selbstbestärkung und persönlicher Genugtuung verbunden. Denn agency zu klären, das bedeutet ja auch und immer neu, die destruktiven Seiten der eigenen Persönlichkeit anerkennen zu müssen. Nirgendwo wird so deutlich wie in der Traumatherapie, wie schwer dies nicht allein den Patienten, sondern auch den Therapeuten fallen kann. Allzu schnell werden traumatisierte Menschen nämlich gerade nicht auf ihre agency aufmerksam gemacht, die eben auch von destruktiven inneren Objektbildern gesteuert ist. Sicher, die offensichtlich traumatisch verletzten Menschen müssen erst einmal geschützt und beruhigt werden – unvollständig aber bliebt jede Therapie, die es versäumt, die so regelmäßig anzutreffende Selbstzerstörungstendenz schwer traumatisierter Menschen nicht zu bearbeiten, nämlich als eine übernommene, ins Selbst aufgenommene destruktive Eigenschaft: Das Trauma wäre halb so schlimm, bliebe es ein äußerer Schrecken und würde nicht übernommen (Küchenhoff, 2005c).

Schließlich verdient es im psychoanalytischen Kontext betont zu werden, dass nicht allein die Zuschreibung scheinbar anonymer Geschehnisse an das Subjekt, sondern umgekehrt auch die Lösung von vermeintlicher agency Aufgabe der analytischen Kur sein kann. Auch hier ist selbstverständlich die Traumatherapie als Beispiel anzuführen, besser gesagt: die therapeutische Arbeit, die sich dann anschließt, wenn die destruktive Phantasie, die Grausamkeit in manchen Handlungen sich selbst und anderen gegenüber anerkannt worden ist. Denn dann geht es darum, die in die eigene Identität eingeschlossenen Bilder der Anderen, die erzwungenen Identifizierungen wieder rückgängig zu machen. Sobald nämlich die Im wachsenden Verständnis für die transgenerationale Weitergabe von Traumatisierungen hat die psychoanalytische Erfahrung ja gelehrt, dass das Subjekt sich etwas zuschreibt, das in einer Tiefenschicht des Erlebens doch nicht der eigenen Intention, dem eigenen Begehren, der eigenen Schuld zugeordnet werden darf, sondern das eine übernommene Schuld, eine übernommene Schuld etc. darstellt (Faimberg, 2005)

10.3 Die Erweiterung und das Beweglich-Werden der narrativen Identität

Sprechen und Handeln fügen sich in der Erzählung, die ein Mensch von sich entwirft, zusammen. Identität erscheint als narrative Identität. Nun aber geht es nicht einfach um eine Erzählung, sondern um die Möglichkeit, sich immer wieder neu, sich immer wieder anders »erzählen« zu können. Daher schreibt Ricoeur treffend: »Lernen, sich zu erzählen, bedeutet auch: lernen, sich anders zu erzählen.« (Ricoeur, 2006, S. 134).

So formuliert, wird die Aussage für die psychoanalytische Theorie interessant. In der Analyse erzählt der Analysant dem Analytiker Geschichten. Die analytische Arbeit zeigt allererst auf, dass der Analysant – wie jedermann – »in Geschichten verstrickt« (Schapp, 2004) ist. Allerdings führt die Analyse schnell an die Grenzen dieser Geschichten. Sie zeigt auf, dass die Geschichten, die wir stricken, einem Strickmuster folgen, das viele Maschen hat fallen lassen, um das Bild der Verstrickung weiterzuführen. Die Grundregel der freien Assoziation zielt ja unmittelbar auf die kritische Relativierung der erzählten Geschichten. Wenn alles, was gesagt wird, wichtig ist und prinzipiell als Bestandteil der Erzählung aufgefasst und das heißt vom Analytiker gehört wird, dann verändert sich dadurch schon die Erzählung. Worauf Ricoeur hingewiesen hat, wird auch in der Analyse deutlich, das Erzählen entfaltet sich zwischen Selbst und Anderem, zwischen Erzähler und Zuhörer. Und der Hörer beteiligt sich durchaus an einer Veränderung der Erzählweisen, indem er erstens einfach aufmerksam macht auf Erzählfragmente, die an einer Stelle wichtig sind, an der anderen aber unterdrückt werden, auf Erzählfragmente, die nicht Eingang in die Haupterzählung finden, in die eingespielte Darstellungsform narrativer Identität. Zweitens aber spielt die Gegenübertragung des Analytikers eine Rolle, die Phantasie des Analytikers während des Zuhörens, durch das sich die Geschichte anreichert. Der Analytiker wird zum Teilnehmer an den Beziehungsmustern, die der Analysant entfaltet, und von hier aus kann er erspüren, was an der Selbsterzählung, die auch immer die Erzählung gemachter Beziehungserfahrungen ist, ausgelassen und unvollständig ist. Außerdem wird er hören können, wann sich die Geschichten als idealisierende Selbstentwürfe an einen idealisierten Zuhörer richten; in den Geschichten von sich selbst entwirft der Analysant ein Bild von sich, das im Sinne Lacans imaginär ist, mit dem er den anderen dazu bringen will, ein Bild zu übernehmen, das der Projektion eines Wunschbilds entstammt. Zu ermöglichen, sich anders zu erzählen, heißt dann auch, an die Stelle der geglätteten Selbstidealisierung oder der anpassungsorientierten Selbstschilderung nach dem vermuteten Wunsch des Anderen die Brüche und Ungereimtheiten in die Erzählung aufzunehmen.

10.4 Die Arbeit am Erinnerungsvermögen und die Verflüssigung der Vergangenheit

Voraussetzung der Möglichkeit, sich anders zu erzählen, ist die Arbeit an den Erinnerungen. Ricoeur bezieht sich an dieser Stelle seines Buchs unmittelbar auf die Psychoanalyse, und er meint, dass sie in Bezug auf die

Erinnerung einerseits verunsichert, andererseits tröstet; verunsichernd ist die Tatsache, dass wichtige Erfahrungen verdrängt werden, also aus dem bewussten Verfügungsraum ausgeschlossen werden, tröstlich ist, dass solche Erfahrungen nicht dem völligen Vergessen anheimgefallen sind. Die psychoanalytische Kur ist, sofern sie der Aufhebung der Verdrängung gewidmet ist, Arbeit an der Rückgewinnung von Erinnerungen. Sie leistet eine Kritik an der Abwehr, an der verdrängenden Instanz, weil sie sich immer auf die Geschichte des Begehrens richtet, das ausgespart werden musste. Für den frühen Freud insbesondere ist entscheidend, dass die verdrängten Szenen, Affekte und Erfahrungen befreit werden, während der Kraft der Wiedererinnerung, so nötig sie immer noch erachtet wird, vom späten Freud und allen späteren Analytikergenerationen nicht mehr so viel zugetraut wird. Das hat gute Gründe: Die Frage, was Realerfahrung und was lebensgeschichtlich frühe Phantasie ist, ist nicht gut entscheidbar und vielleicht ist sie ja auch falsch gestellt.

Die Analyse erweitert die Erinnerung, sie tut dies aber auf eine besondere Weise, nicht indem sie mit faktischen Funden und Ergänzungen Erinnerungslücken füllt oder Erinnerung anreichert, sondern indem sie die Erinnerung selbst untersucht. Sie ermöglicht es, dort wo es sich um schmerzhafte und traumatische Erfahrungen handelt, sich ihnen überhaupt zu stellen. Sie bearbeitet zu diesem Zweck die Widerstände, die sich der Rückerinnerung in den Weg stellen.

In der Psychoanalyse geht es bekanntlich nicht – in den Worten Freuds – um die materielle, sondern die psychische Realität. Nicht nur was war, sondern auch was hätte sein sollen, die aus der Vergangenheit herkommenden ungelösten Ansprüche an die eigene Person werden untersucht. Dabei sind die Selbstüberschätzungen, also die narzisstischen Größenvorstellungen, ebenso wichtig wie die sog. Delegationen oder die »rätselhaften Botschaften«, von denen zuletzt Jean Laplanche (1988) gesprochen hat, die sich von den Anderen, von den früheren Generationen her in der heute so wichtigen transgenerationalen Perspektive, auf das Kind gelegt haben.

Die Psychoanalyse befähigt den Analysanten zur Selbstkritik und -analyse. Die Kriterien, die Paul Ricoeur uns an die Hand gibt, um eine »Phänomenologie des fähigen Menschen« zu beschreiben, sind durchaus hilfreich, um die Ziele der Psychoanalyse genauer in den Blick zu bekommen. Nicht weniger, aber auch nicht mehr. Die Psychoanalyse lässt sich mit dem bei Ricoeur letztlich doch durchscheinenden spirituellen Ziel eines positiven Abschlusses des »Befähigungsprozesses«, also auch einer Versöhnung nicht in Übereinstimmung bringen. Psychoanalyse befähigt, indem sie negativ das bestimmt, was hindert, aber auch betont, dass es nicht möglich ist, den »Befähigungsprozess« an ein positives Ende zu bringen. Psychoanalyse zielt nicht auf die Vollendung der Selbsterkenntnis, auch nicht auf die Entwicklung der oben genannten Fähigkeiten bis zu einer bestimmten Grenze oder Perfektion, ihr Ziel besteht nicht darin, Selbstreflexion bis an ein Ende voranzutreiben. Vielmehr – und hier erweist sich einmal mehr, dass es sinnvoll ist, die analytische Tätigkeit als negative oder noch besser: negativ-kritische Theorie des Subjekts zu beschreiben – ist das Ziel die Übernahme der selbstkritischen und negativierenden Funktion. Aus der endlichen wird die unendliche Analyse (Freud, 1937), und das heißt nicht, dass Analysen nicht beendet werden können, sondern dass der Analysant die analytische Fähigkeit zur Selbstkritik, ja überhaupt zur Kritik übernimmt. Das lässt sich für die verschiedenen Fähigkeiten durchspielen, beispielhaft seien nur die Abwehrleistungen erwähnt: Was technisch Abwehranalyse genannt worden ist, wird zur Kritik der Selbstkritik, Kritik an der vom Ich vorgenommenen Selektion zugelassener Erfahrungen und Wünsche.

(Selbst-)Kritik setzt die Möglichkeit zur Distanz voraus. Nicht ohne Grund spielen Raummetaphern in der psychoanalytischen Theorie der Technik eine herausragende Rolle: Immer geht es um die Möglichkeit, nicht ganz in dem eigenen Sprechen und Handeln aufzugehen, sondern dazu Stellung beziehen zu können, wenn auch – was das unbewusste Begehren angeht – meist nachträglich. Die so verstandene Distanz schafft Spielräume des Verhaltens, belüftete Räume, Übergangsräume, mental spaces, etc.

Das Ziel der Analyse machen wir nicht an einem Erfahrungsinhalt, sondern an einer Fähigkeit fest. Sich kritisch und reflektierend auf sich selbst und andere beziehen zu können, ist nicht Mittel zu anderen Zwecken, sondern bereits das Ergebnis selbst, eben das Ziel, das durch die Analyse erreicht werden kann. Wenn Freud sagt, dass die Aufgabe der Analyse erfüllt ist, wenn der Analysant Einsicht in das Unbewusste gewonnen hat, so heißt das, dass die Analyse Unbewusstheit nicht dauerhaft aufhebt, sondern die Dynamik des Unbewussten immer neu zu berücksichtigen erlaubt. Analysen verhelfen zu einem größeren Spielraum persönlicher Identitätsentwürfe, vervielfältigen die narrativen Potentiale der Selbsterzählung, ermöglichen damit neue Zukunftsentwürfe und neue »Versprechen«. Das ist der Gewinn, und zugleich ist das Auf-Dauer-Stellen der kritischen Fähigkeit ein schmerzlicher Verlust von Illusionen. Die psychoanalytische negativ-kritische Position ist mit einer konstruktiven Enttäuschung verbunden: Sie ermöglicht es dem Analysanten, die Suche nach imaginären, idealisierten Objekten wenn nicht aufzugeben, so doch als imaginär zu erkennen, sie vermittelt eine punktuelle, hier und da überzeugende Einsicht in die Überhöhung des Objektes, die überhöhten Eigenerwartungen an sich und an andere. Diese Enttäuschung ist in doppelter Hinsicht konstruktiv:

> »Aus der Position der Klage um das fehlende Ganze herauszukommen, zu entdecken, dass das Höchste Gut nicht das ist, was ein für alle Mal schon fix und fertig vorliegt, was, mit Hegel zu sprechen, wie eine Münze fertig eingestrichen werden kann, darin liegt eines der lohnendsten Ziele der Analyse« (Widmer, 2001, S. 26).

Die Enttäuschung erlaubt, die Suche nach den (selbst geschaffenen) Illusionen aufzugeben, sie setzt dadurch Kreativität frei. Sie ist negativ in dem Sinne, dass sie an die Stelle der illusionären Objekte nicht vollkommene stellt, sondern die Erfahrung des Mangels ermöglicht: »Die Aufhebung der bislang vordergründigen Lücken, die Beseitigung dessen, was Freud als sekundäre Verdrängung bezeichnete, kann nur ein Ziel anvisieren, nämlich vor die Lücke, vor den Mangel in seiner unerbittlichen Wiederholung als solchen zu bringen« (Lang, 1973, S. 298).

Dabei kann die Wortwahl, nämlich von Unerbittlichkeit zu sprechen, missverständlich sein; die Erfahrung des Mangels scheint mit existentialistischem Pathos aufgeladen zu sein. Das Ergebnis lässt sich freilich auch anders beurteilen: Wenn die Erfahrungen der psychoanalytischen Kur Unbewusstheit nicht aufheben, aber doch Einsicht in das Spiel unbewusster Dynamik erlauben, wenn durch die Deutung die Selbstverkennung des Subjektes aufgedeckt wird, muss der in allen Beispielen sichtbar werdende Mangel nicht als existentialistische Grenzerfahrung hingenommen und als tragisches Moment der Analyse betrachtet werden. Denn die Kehrseite dieser Erfahrung ist Freiheit. Richard Rorty, der amerikanische Philosoph eines differenzierten Pragmatismus, hat sich mit der Psychoanalyse genau deshalb befasst, weil er an dem Freiheitsmoment interessiert war, das sich aus der Unvollständigkeit und dem Mangel, wie wir ihn beschrieben haben, ergibt. Nicht die Aufdeckung vergessener Lebensgeschichten, um eine vollständige Lebensgeschichte zu kreieren, ist für Rorty interessant, sondern die Fähigkeit, neue Geschichten zu erzählen. Nicht die Rekonstruktion vergessener Vergangenheiten oder die Konstruktion der anderen Schauplätze des Unbewussten sind wichtig, sondern überhaupt die Tatsache, dass neue Schauplätze entstehen, neue Perspektiven und neue Möglichkeiten. »Freud hat uns die Möglichkeit gegeben, alternative Geschichten und alternative Vokabulare nicht als perspektivisch richtige Abbilder des Verhaltens der Dinge in ihrem an sich Sein zu sehen, sondern als Werkzeuge des Wandels« (Rorty, 1988, S. 52). Es mag überraschen, dass zwei ansonsten so heterogene Ansätze wie die Lacansche Lesart der Psychoanalyse und Rortys pragmatische Interpretation der Psychoanalyse hier, wo es um die Ziele der psychoanalytischen Kur geht, zusammengedacht werden. Sie sind in der Tat vergleichbar, was die Konsequenzen aus der psychoanalytischen Arbeit betrifft. Betont wird in beiden – ansonsten so unterschiedlichen – Ansätzen, dass die Deutung in der Kur nicht vorrangig eine inhaltliche, sondern eine funktionale Bedeutung hat. Zentral ist nicht der einzelne Inhalt der Erkenntnisse, die gewonnen werden durch die Kur. Entscheidend sind vielmehr die erweiterten (Selbst-)Erfahrungsmöglichkeiten, die Erweiterung der (Selbst-)Deutungsspielräume des Subjekts. Sie erlauben es dem Analysanten, neue Texte von sich selbst zu schreiben, aber auch neue Lebenskontexte zu entwerfen, die später wiederum einmal dekonstruiert, auf die sich neuerlich bildenden unbewussten Anteile hin zu hinterfragen sein werden. So betrachtet, könnte neues Licht auf den Begriff der Fixierung fallen, den Freud häufig benutzt hat; für ihn ist Fixierung immer eine Fixierung der Libido. Abgelöst von einer sich selbst naturwissenschaftlich missverstehenden Metapsychologie könnte die Rede von der Fixierung indes neuen Sinn erhalten: Deutungen lösen Erfahrungs- und Selbstdeutungsfixierungen auf und verbreitern die Selbstinterpretationsmöglichkeiten, damit aber auch die pragmatischen Möglichkeiten, sich in (neue) Beziehungen oder Beziehungserfahrungen zu begeben, die dann wieder neue Möglichkeiten der Selbstdeutung schaffen.

10 Ziele der psychoanalytischen Kur

Zusammenfassung

In diesem Kapitel wurden die Ziele der psychoanalytischen Kur besprochen. Wir hatten, auf den Spuren der philosophischen Analyse von Paul Ricoeur, folgende Ziele benannt: Die Möglichkeiten der eigenen Ausdrucksmöglichkeit sollten sich erweitern, aber auch die Fähigkeit, mich selbst in dem, was ich sage, wiederzuerkennen. Die gleiche Figur, nämlich die Wahrnehmung und die Anerkennung dessen, was von mir ausgeht, ohne dass ich vielleicht intendiere, gilt auch für die Dimension des handelnden Selbst. Es geht also auch um die Möglichkeit, das als zu mir gehörend, mich ausmachend zu beglaubigen, was ich handelnd bewirke oder bewirkt habe. Schließlich gehört die Arbeit an der Vergangenheit, also die Arbeit mit den eigenen Erinnerungen zu den Zielen der Psychoanalyse. Die Erinnerungen erweitern sich, die Vergangenheit kann, auch in ihren unausgeschöpften Potentialen, besser beurteilt werden.

Wichtig war uns zu betonen, dass die psychoanalytische Kur nicht die inhaltliche Bearbeitung bestimmter Erfahrungsdimensionen allein zum Ziel hat, sondern die Fähigkeit selbst, Erfahrungen zu machen, neu zu machen, neu zu bewerten. Die Fähigkeit zur Selbstreflexion ist, so haben wir gesagt, nicht Mittel zu anderen Zwecken, sondern bereits das Ergebnis selbst, eben das Ziel, das durch die Analyse erreicht werden kann. Damit ermöglicht es die Psychoanalyse, besser »spielen« zu können, also einen größeren Spielraum in den genannten Dimensionen zu erwerben, die eigenen Identitätsentwürfe zu flexibilisieren, die narrativen Potentiale der Selbsterzählung auszuweiten und die Vergangenheit in neuem Licht zu sehen.

Literatur zur vertiefenden Lektüre

Riedel, M. (1990). *Hören auf die Sprache. Die akroamatische Dimension der Sprache.* Frankfurt: Suhrkamp.
Ricoeur, P. (2004). *Gedächtnis, Geschichte, Vergessen.* München: Fink.
Zwiebel, R. (2013). *Was macht einen guten Psychoanalytiker aus? Grundelemente professioneller Psychotherapie.* Stuttgart: Klett-Cotta.
Fink, B. (2014). *Against Understanding.* 2 Vol. London, New York: Routledge.

Fragen zum weiteren Nachdenken

- Wie lässt sich die psychoanalytische Erfahrung als Grundlage der psychoanalytischen Erkenntnis vermitteln, schulen bzw. trainieren?
- Wie ist das Theorie-Praxis-Verhältnis in der Psychoanalyse als Beziehungs- resp. Erinnerungsarbeit zu konzeptualisieren?
- Wie ist die psychoanalytische Deutung als Vermittlung des Theorie-Praxis-Verhältnisses in ihrer kurativen therapeutischen Funktion zu interpretieren?

Teil 3   Prolegomena zu einer dialektischen Methodologie der Psychoanalyse

11 Einleitung: Zwischenbemerkung zum Fortgang der Argumentation

Der Teil 1 dieses Buches verfolgte die Absicht, die Erkenntnistheorie der Psychoanalyse zu rekonstruieren, also zu fragen, welchen Beitrag die Methodologien der Natur- und der Humanwissenschaften im 19. und 20. Jahrhundert für die noch im Entstehen begriffene Erkenntnistheorie der Psychoanalyse leisten könnten. Im Teil 2 versuchten wir, den spezifischen und nicht durch andersartige wissenschaftliche Konzeptualisierungen zu ersetzenden praxeologischen Weg von der psychoanalytischen Erfahrung zur spezifischen Erkenntnis zu rekonstruieren. Dazu war die Psychoanalyse als eigenständige Erkenntnistheorie so zu reformulieren, dass – ausgehend von der psychoanalytischen Erfahrung – der spezifische Erkenntnisprozess in der klinischen Praxis der psychoanalytischen Kur nachvollzogen werden konnte (vgl. die Ergebnisse der psychoanalytischen Konzeptforschung nach J. Canestri, 2006, 2012).

Nun war in Teil 1 aufgefallen – im immanenten Durchgang durch die Erkenntnistheorie der Natur- und Humanwissenschaften –, dass sich der seit der Mitte des 19. Jahrhunderts in vielfältigen Kontroversen und Diskursen etablierte Methodenmonismus für die Wissenschaften differenziert hat zu einem Methodendualismus oder -pluralismus. In wechselseitiger Kritik und Metakritik traten immer häufiger methodologische Misch- und Zwischenformen auf (z. B.: »Erklären durch Verstehen«, »Verstehen durch Erklären«, feldspezifische Methodologien: Text-Verstehen, Sprach-Verstehen, Sprach-Erklären, Natur-Erklären, Natur-Verstehen, Kultur-Verstehen, Kultur-Erklären, u. v. a.), welche allerdings immer wieder vom methodologischen Rückfall in monistische resp. solipsistische Konzepte unterbrochen waren.

Die Psychoanalyse als Wissenschaft bzw. als wissenschaftliche Methode nahm in diesem erkenntnistheoretischen Diskurs der modernen Wissenschaften immer wieder den Charakter eines Beispiels für den einen oder den anderen Typus von Wissenschaft an (z. B. Psychoanalyse als verstehende Psychologie nach Jaspers oder als »science« bei Grünbaum oder als kritische resp. emanzipative Sozialwissenschaft nach Habermas), wobei die klinisch-psychoanalytische Erfahrung dabei jeweils als unhintergehbare empirische Grundlage und die spezifische psychoanalytischen Metapsychologie als damit konsistente Konzeptualisierungsform eines eigenständigen wissenschaftlichen Begründungsmodells in Anspruch genommen wurde, auch wo die spezifischen Ausformungen dann oft sehr kritisch interpretiert worden waren (z. B. »szientistisches Selbstmissverständnis der Psychoanalyse« nach J. Habermas oder psychoanalytische Metapsychologie als kulturelle Ideologie oder Mythologe bei C. Strenger).

Im Verlauf dieser wissenschaftshistorischen Entwicklung der Erkenntnistheorie haben sich nun auch die wissenschaftstheoretischen Modelle selbst erheblich verändert, sie haben sich einem Transformationsprozess als Folge externer und interner Kritik unterzogen, sich miteinander amalgiert und wieder zu differenzieren versucht, so dass die einmal gefundenen wissenschaftstheoretischen Positionierungen auch für die Psychoanalyse dann später oft nicht mehr passten. So hat – wie wir im Teil 1 gesehen haben – die Selbstkritik der positivistischen Einheitsmethodologie zu einer Pluralität der Sprachspielhorizonte und der Handlungshorizonte geführt und darüber den alten Methodenmonismus überwunden zu einem (postwittgensteinianischen) »New Dualism« (G. H. v. Wright) der wissenschaftlichen Methoden (im Rahmen des linguistic turn der Philosophie; ▶ Kap. 2). In der hermeneutischen Philosophie trat insbesondere in Frankreich eine analoge Transformation zum Poststrukturalismus und Dekonstruktivismus zu Tage, die zu einer Neukonstituierung des Verhältnisses von Text, Sprache und Körper führte, welche den klassischen geisteswissenschaftlich-hermeneutischen Ansatz zu unterlaufen bestrebt war. Sinnverstehen trat nun nicht mehr als rein geistiges Erfassen von Bedeutungszusammenhängen in Erscheinung, sondern als Aufsuchen von Bedeutung aus der Negation von Sinn, aus dem Nicht-Sinn (E. Angehrn). Diese Transformationsprozesse der Wissenschaftstheorie sind bislang in der psychoanalytischen Erkenntnistheorie allerdings noch nicht mit der gebührenden Intensität rezipiert worden, was wir hier im Teil 3 nun zumindest ansatzweise bzw. als Prolegomena in Richtung einer dialektischen Epistemologie der Psychoanalyse versuchen. Eine dialektische Epistemologie der Psychoanalyse ist bestrebt, den alten Methoden-Dualismus zu hinterfragen bzw.

»aufzuheben«. Sie folgt den neueren Konzepten einer »triadischen Epistemologie« (Detel, 2011; Giesecke, 2007). Dies setzt eine erneute erkenntnistheoretische bzw. -anthropologische Situierung der Grundkategorien der psychoanalytischen Erfahrung, ihrer Reflexion, Kritik und Metakritik voraus (▶ **Kap. 13**), insbesondere eine Dekonstruktion der Kategorien des Verstehens und der Kausalität, letztlich sogar dessen, was wir als die Natur des Seelischen bzw. der Conditio humana (▶ **Kap. 12** zur negativen Anthropologie) verstehen wollen.

12 Negativ-anthropologische Prolegomena einer dialektischen Epistemologie der Psychoanalyse

> **Einführung**
>
> Im Kapitel 6., das von der psychoanalytischen Erfahrung handelt, hatten wir die psychoanalytische Methode und die psychoanalytische Grundhaltung als eine – zwischen freier Assoziation und gleichschwebender Aufmerksamkeit – durch Sprechen und Zuhören wesentlich vermittelte Technik des Umgangs mit Unbewusstem charakterisiert, als Arbeit an und mit der Sprache. Im Folgenden gilt es nun zu zeigen, dass diese Strukturierung der psychoanalytischen Erfahrung und des psychoanalytischen Prozesses einer geradezu axiomatischen Bestimmung des Menschen als eines durch Krisen- und Mangelerfahrungen geprägten Sprachwesens entspringt. Erst durch eine solche anthropologische Fundierung der psychoanalytischen Erfahrung lässt sich die in ihr implizit eingeschlossene Erkenntnispotentialität erschließen.

Lernziele

- Möglichkeiten und Grenzen eines anthropologischen Denkens für die psychoanalytische Metapsychologie einschatzen können
- Die Unterschiede zwischen einer positiven und einer negativen Anthropologie benennen können
- Die Argumente für eine negative Anthropologie als Grundlage der psychoanalytischen Epistemologie kennen
- Das Sprechen, die leibliche Begegnung und das performative Miteinander als Infragestellungen und damit Negativierungen der eingespielten und bewussten Erfahrungen verstehen lernen
- Die Psychoanalyse als Form einer negativen Hermeneutik rekonstruieren können

12 Negative Anthropologie und Psychoanalyse

Die philosophische Anthropologie, das Nachdenken über den Menschen, begreift den Menschen als ein »zoon logon echon« nach Aristoteles (1991, S. 1098 a 3) oder als ein »animal symbolicum« nach E. Cassirer (1944, S. 51). Sprache formt den Körper des Menschen und der Kultur, aber nicht einfach im Sinne einer einzigartigen positiven Kompetenz, sondern im Sinne eines konstitutiven Mangels, eines Selbstentzugs des Subjekts (M. Scheler, A. Gehlen).

Der Mensch ist sich selbst in seinem Wesen entzogen, die Conditio humana lässt sich nur historisch aus ihren verborgenen Spuren (Lévinas, 1983; vgl. Derrida, 1867/1985, S. 121 ff.) rekonstruieren, aus der Abwesenheit ihres Wesens, des Begehrens und des Unbewussten.

Nun gehören aber der konstitutive Mangel und die Bedeutung der Sprache zusammen. Bereits Platon verglich den symbolischen Kern der menschlichen Seele als wächsernen Wunderblock, in den die Wahrnehmungen Spuren einschreiben, die wir in Form unseres Erinnerungsvermögens dann zu Vorstellungen, zu Phantasien, vergegenwärtigen können (Platon, 1978, S. 189 e 5 ff., S. 191 c–195 b; vgl. Freud 1925b). Der Mensch – verstanden aus seiner anthropologischen Differenz (Kamper, 1973, S. 131 ff.; Wulf, 2012), nicht also als biologisches Wesen unter anderen – ist Symbol, wörtlich ein zusammengewürfeltes Etwas. Die Wissenschaften vom Menschen[26] folgen der apokryphen Spur der Selbstverbergungsgeschichte der Conditio humana, die sich nur geschichtlich zu »entbergen« vermag. Daraus rechtfertigt sich das Dispositiv der negativen Anthropologie bzw. der historischen Anthropologie[27]. In diesem Dispositiv konvergieren u. E. auch die philosophische Hermeneutik[28], die pragmatistische

---

26 Zur philosophischen Anthropologie vgl. Scheler, 1927; Plessner, 1928/1981; vgl. Plessner, 1970, S. 40: »[...] der Mensch [hat, RPW/JK] kein eindeutiges Verhältnis zu seinem Leib, sondern ein doppeldeutiges, daß seine Existenz ihm den Doppelsinn eines ›leibhaftigen‹ Wesens auferlegt, der einen realen Bruch für sein Dasein bedeutet. Mit dieser Gebrochenheit ist die Unergründlichkeit im Verhältnis des Menschen zu seinem Körper bezeichnet [...]«. Vgl. Deacon, 1997; Tomasello, 2002, 2009, 2010; Detel, 2011, S. 360 ff. über Metarepräsentationalität und die symbolische Matrix der Conditio humana.
27 nach Kamper, 1973; Wulf, 2004; vgl. Plessner, 1928/1981; Sonnemann, 1981; Warsitz, 1990, Teil I.
28 seit Herder, 1827/1982; Dilthey, 1894/1957; Heidegger, 1992, S. 17 ff. und Gadamer, 1972; Angehrn & Küchenhoff, 2012.

Semiotik (J. Habermas, K. O. Apel nach Ch. S. Peirce; ▶ Kap. 2) und die strukturalistische Psychoanalyse (J. Lacan, J. Kristeva).

Als negative und historische Anthropologie dekonstruieren sie auch den Anspruch der älteren philosophischen Anthropologie, die anthropologische Differenz anhand positiv benennbarer anthropologischer Konstanten zu bestimmen und festzulegen, indem sie diese jeweils als historisch bzw. kulturgeschichtlich gewordene relativieren.

Diesen negativ-anthropologischen Ausgangspunkt gilt es nun, auf seinen Erkenntniswert im Rahmen der psychoanalytischen Epistemologie zu befragen. Wir versuchen dies mit dem Begriff der negativen Hermeneutik. Schon die philosophische Hermeneutik (nach H. G. Gadamer) könnte als eine negative gelten, folgt sie doch in ihrem wirkungsgeschichtlichen Bewusstsein der Spur negativer Erfahrung: Über die Negation von Vorerfahrungen, »Vorurteilen« eines primordialen Verstehens kommt nämlich der hermeneutische Prozess der sukzessiven Korrektur des Vorverständnisses allererst in Gang.

> »Das prägt sich schon sprachlich darin aus, daß wir in einem doppelten Sinn von Erfahrung sprechen, einmal von den Erfahrungen, die sich unserer Erwartung einordnen und sie bestätigen, sodann aber von der Erfahrung, die man ›macht‹. Diese, die eigentliche Erfahrung, ist immer eine negative [...]. Die Negation, kraft derer sie das leistet, ist eine bestimmte Negation« (Gadamer, 1960, S. 335 f.).

Box 13

Negative Anthropologie

Anthropologie (von griech. ἄνθρωπο-λόγος über Menschen redend) ist in seiner Bedeutung als Lehre vom Menschen erst in der Neuzeit gebräuchlich. Als »Negative Anthropologie« bezeichnete Ulrich Sonnemann (1969, Neuaufl. 2011) die indirekte Beantwortung der Frage nach dem Menschen aus der Kritik aller vordem gewonnenen positiven Bestimmungsversuche des Wesens des Menschen.

Diese »positiven Anthropologien« nehmen in der Begriffsgeschichte unterschiedliche Gestalt an, z. B. als biologische, paläoanthropologische, ethnologische und historische Anthropologie. »Philosophische Anthropologie« bezeichnet die Lehre vom Menschen, insofern sie das Spezifische der Conditio humana im Unterschied zu den biologischen Artverwandten bzw. als »Sonderstellung des Menschen im Kosmos« (Max Scheler) elaboriert. Seit den 20er Jahren des vergangenen Jahrhunderts (Max Scheler, Helmuth Plessner, Arnold Gehlen) wird »Anthropologie« insbesondere als evolutionäre und historische Lehre von der Kompensationsfähigkeit des Menschen in Bezug auf seine biologische Mängelausstattung (physiologische Frühgeburt, Neotenie der Hominisation) verstanden. Das Mängelwesen Mensch entwickelt durch seine extreme Abhängigkeit von den primären Pflegepersonen zu Beginn des Lebens seine in der Biologie einzigartige Fähigkeit zum sozialen und kommunikativen Handeln – seine Sprachbegabung (homo animal symbolicum nach E. Cassirer). Darauf lassen sich alle Leistungen des Menschen als »Entlastungen« von seiner natürlichen Mängellage zurückführen und die menschliche Kultur als das historische Arrangement zur dauerhaften Sicherung des Überlebens der Conditio humana verstehen.

Heute entwickelt sich die Anthropologie auf dem Umweg neuerer neurophysiologischer Erkenntnisse zur »Anthropobiologie« und unter Einbeziehung des ethnomethodologischen Strukturalismus zur »Strukturalen Anthropologie«(Lévi-Strauss) und zur »cultural anthropology«: Aus all diesen speziellen Konzepten, das Wesen des Menschen zu fassen, schält sich jeweils neu und stets ex negativo eine historisch wechselnde und kaum je verallgemeinerbare Gestalt jeweiligen Menschseins als »negative Anthropologie« heraus: Der Mensch ist das, was er aus sich macht – deswegen ist auch die historische Anthropologie eine negative (D. Kamper).

Literatur

Dietmar Kamper: *Geschichte und menschliche Natur. Die Tragweite gegenwärtiger Anthropologiekritik*. München: Carl Hanser, 1973.
Ulrich Sonnemann (1969): *Negative Anthropologie. Vorstudie zur Sabotage des Schicksals*. Schriften in 10 Bänden (hrsg. von Paul Fiebig), Bd. 3, Springe: zu Klampen, 2011.

Diese Spur negativer Erfahrungen, die das hermeneutische Verstehen kennzeichnet, charakterisiert nun auch viele (phänomenologische, anthropologische, existentialistische, dekonstruktivistische) Diskurse der neuzeitlichen Philosophie und Epistemologie. Sie elaboriert die Selbsterfahrung der Conditio humana als eine des Sichentziehens bzw. des Verlusts der Verfügbarkeit über den Sinn seiner Existenz im modernen Menschen (vgl. Angehrn, 2010). Der Bezug des Menschen auf sich selbst erfolgt auf dem Umweg seiner Exponiertheit an die Welt und an den Anderen. Darin besteht die Existenz des Menschen: im Außer-sich-Sein und im aus der Entäußerung an den Anderen Zu-sich-Kommen.

Die folgenden Überlegungen akzentuieren, hinausgehend über diese negativistische Unterströmung der zeitgenössischen Philosophie, die Kategorie einer »negativen Hermeneutik« und behaupten deren begriffliche Eigenständigkeit.[29] Die via negationis des hermeneutischen Verstehens versuchen wir also speziell am psychoanalytischen Prozess zu zeigen. Dies geht auf den Umstand zurück, dass die Phänomene, auf die der Primat der Erfahrung im hermeneutischen Verstehen rekurriert und die als methodisches Regulativ des Vorverständnisses wirken, ihrerseits einen negativen Kern in sich zu bergen scheinen, insofern sie Erfahrungen des Entzugs, des Mangels, des Scheiterns, der Destruktivität, also solche der Negativität der Conditio humana selbst, zur Reflexion bringen. Negative Hermeneutik in der Psychoanalyse folgt darin einer Spur des Denkens der Negativität als Wahrheitsanspruch der Conditio humana, wie wir sie insbesondere in Adornos Negativer Dialektik elaboriert finden:

> »Worin der Gedanke hinaus ist über das, woran er widerstehend sich bindet, ist seine Freiheit. Sie folgt dem Ausdrucksdrang des Subjekts. Das Bedürfnis, Leiden beredt werden zu lassen, ist Bedingung aller Wahrheit. Denn Leiden ist Objektivität, die auf dem Subjekt lastet; was es als sein Subjektivstes erfährt, sein Ausdruck, ist objektiv vermittelt« (Adorno, 1966, S. 27).

Hieraus lässt sich methodisch eine negativ-hermeneutische Perspektive der psychoanalytischen Anthropologie folgern. Wir konzeptualisieren so das Denken der Negativität bzw. die »Arbeit des Negativen« (Hegel, 1807/1970, S. 24) als Motor auch des psychoanalytischen Verstehens (vgl. Green,

---

29 vgl. Schurz, 1995; Angehrn, 2010; Angehrn & Küchenhoff, 2014; Warsitz, 1990, S. 290 ff.; Storck, 2010.

1993). Das dynamische Unbewusste Freuds wird hier als Grundkategorie begriffen: Das »Un-« des Unbewussten, jener meontische Kern in der Anthropologie Sigmund Freuds[30] kennzeichnet jene für das Unbewusste konstitutive Negativität, die dem Nicht-Wissen und dem Ungreifbaren der Triebnatur die begriffliche Würde eines eigenständigen, dynamischen Subjektpols verleiht. Diese Bestimmung charakterisiert die Psychoanalyse als Wissenschaft vom Unbewussten und damit als negative Hermeneutik.

Als negative Anthropologie und Hermeneutik interpretiert, lässt sich der psychoanalytische Prozess, der von den existentialen Kränkungen und Krankheiten des »animal symbolicum« (Cassirer, 1944, S. 51) handelt, als intersubjektiver Prozess um die Unverfügbarkeit des Menschen über sich selbst im Bezug zum Anderen charakterisieren. Psychische Störungen lassen sich als Symbolisierungsstörungen, als Störungen des Subjekts zur Sprache, zum Sinn seiner Handlungen analysieren. Darin konvergieren die verschiedenen metapsychologischen Konzeptualisierungen seit Freud, über die zahlreichen Revisionen, die sie in den Bindungs-, Symbolisierungs- und Mentalisierungstheorien der Gegenwart erfahren haben. Freuds Bestimmung des Kastrationskomplexes als des Kernkomplexes der Neurosen hat Melanie Klein umformuliert zum Postulat einer unausweichlichen Paradoxie des Kindes zwischen depressiver und paranoid-schizoider Position im Verhältnis zum primären Anderen. Sie hat die Kategorie der unbewussten Phantasie bzw. des inneren Objekts (als einer Symbolisierungsform, die aus der Verlusterfahrung der ersten Befriedigungserfahrung resultiert) in den Mittelpunkt ihrer klinischen Theorieentwürfe gerückt. Den Kleinschen Symbolbegriff hat dann Jacques Lacan in einer sprachanalytischen Wendung dieses Mangeldispositivs als »symbolische Nichtung« negativ-anthropologisch weiter konzeptualisiert.[31] Den psychoanalytischen

---

30 von griech. »me on« für das dynamische Nichts; vgl. Lacan, 1978b, S. 140 f.; vgl. Warsitz, 1990, S. 298 ff.
31 Nach Melanie Klein bzw. Lacan stellt der Körper der Mutter in der Sicht des Kindes ein Feld unendlicher imaginärer Objekte dar einschließlich des fehlenden Phallus der Mutter und insofern eine Fülle von Repräsentanzen einer »néantisation symbolique«: »[...] die Mutter [bildet, RPW/JK] ein virtuelles Feld symbolischer Nichtung, aus dem alle zukünftigen Objekte jeweils ihren symbolischen Wert beziehen« (Lacan, 1994/2003, S. 219; vgl. Warsitz, 2014).

Prozess als symbolische Interaktion im kommunikativen Raum des Sprechens und der Sprache (des Symbolischen nach Lacan) zu begreifen, hat in dieser negativ-hermeneutischen Perspektive zur Folge, dass sich das Subjekt nur über den Selbstentzug der Worte, in denen es sich auszudrücken versucht, und über deren Nichtverfügbarkeit für das technisch-instrumentelle Handlungs- und Herrschaftswissen der sozialen Welt einzig aus der Entfremdung im Bezug zum Anderen zu konstituieren vermag. Im Verklingen der Worte und Antworten, im Vergessen, im Schweigen und Verschweigen endet die Verfügungsgewalt von Menschen übereinander. Die Unverfügbarkeit der Worte widerstreitet der Permanenz der Bilder mit ihrer scheinbaren Objektivität.

Die therapeutische Begegnung, insofern sie sich dem Unbewussten öffnet, ist nämlich meistens gerade nicht Repräsentation und Realisierung einer vorherbestehenden Absicht des Bewusstseins, sei es von Seiten des Analysanten, sei es von Seiten des Analytikers, sie weist vielmehr einen performativen Überschuss auf, der allerdings wiederum dazu dient, durch die Darstellung dessen, das nicht sogleich ausgesprochen werden kann, die Selbsttransparenz zumindest potentiell zu erhöhen. Performativ ist sie als Inszenierung, die das in der Beziehung wiederholt, was als Unbewusstes nicht unmittelbar gegenständlich gemacht werden kann (vgl. zur anthropologischen Bedeutung der Inszenierung: Iser, 1991, S. 504). Was der Philosoph Christoph Wulf, der eine von historischen Missverständnissen entschlackte, modern durchdachte Konzeption der Anthropologie vorgelegt hat, in anthropologischer Perspektive beschreibt, gilt konkret und präzise auch für die psychoanalytische Kur:

> »Wir müssen uns entwerfen und uns in unterschiedlichen Inszenierungen aufführen. Um uns wahrnehmen, begreifen und verstehen zu können, inszenieren wir uns; in diesen Inszenierungen und ihren Wirkungen auf andere Menschen sowie deren Reaktionen auf unsere Handlungen erfahren wir uns« (Wulf, 2004, S. 176).

Was inszeniert wird, wird gegenwärtig inszeniert. Der Bezug zur Vergangenheit lässt sich verstehend herstellen, entscheidende Voraussetzung aber ist der Spielraum der Inszenierung im Hier und Jetzt. Der Therapeut ist also nicht bloß derjenige, der die Inszenierung in Richtung eines möglichen verborgenen Sinnes versteht, interpretiert oder dekonstruiert, sondern er ist am Zustandekommen der Inszenierung beteiligt. Er ist Mitspieler und Kritiker gleichzeitig (vgl. Küchenhoff, 2013a). Die Psychoanalyse hat dies unter den Kategorien des szenischen Verstehens bzw. des Enactments reflektiert (Lorenzer, 2006; vgl. Streeck, 2000).

Von Inszenierung wird gesprochen, um andere Formulierungen wie »Erzeugung« oder »Sichtbarmachung« zu vermeiden, diese würden bereits sprachlich vorwegnehmen, wie das Verhältnis gegenwärtiger Beziehungskonstellation und vergangener Beziehungserfahrung zu denken ist. Der Analysant überträgt seine Wünsche, Erwartungen, Befürchtungen etc., die aus seiner Lebensgeschichte stammen, die aber doch nirgendwo anders als in der Gegenwart der analytischen Situation vorzufinden sind; er kann, weil seine Bedürfnisse oder sein Begehren unbewusst sind, diese nicht ohne weiteres benennen und mitteilen. Die psychoanalytische Situation regt Beziehungsphantasien und Beziehungsgestaltungen an, die unbewusst motiviert sind. Durch seine sprachlichen Assoziationen, durch andere psychoanalytischen Materialien wie Träume und Erinnerung verweist der Analysant auf diese Beziehungsgestaltungen. Die Gegenübertragungsphantasien des Analytikers, seine affektiven Reaktionen auf den Patienten reichern diese Beziehungsgestaltungen durch weitere Facetten an. Wenn ernst genommen wird, dass Übertragung ein Kernbegriff der psychoanalytischen Kur ist und die Übertragung in gegenwärtig inszenierten Beziehungsgestaltungen erkennbar ist, dann präexistiert der Gegenstand psychoanalytischer Interpretation nicht vorab, sondern wird in der gemeinsamen analytischen Arbeit erst hergestellt und erkennbar.

Zusammenfassung

Das »Un-« des Begriffes vom Unbewussten weist auf den negativistischen Kern der psychoanalytischen Erkenntnis hin: Unbewusste Erfahrung ist nicht die Erfahrungswirklichkeit einer zweiten Person, die der bewusst lebenden Person entgegentritt oder sie ergänzt. Es gibt nicht einen in sich geschlossenen und abgegrenzten Bereich der unbewussten Erfahrung. Vielmehr zeigt sich Unbewusstheit an den Rändern der Sprache, der instrumentellen Verfügung über den Körper oder an den unplanbaren Momenten einer Begegnung, die nur deshalb verräterisch wirken, weil sie die Intentionen des Bewusstseins unterlaufen und in Frage stellen, also sie insofern verneinen, als mit ihnen der Schein der erschöpfenden Repräsentation von Absichten, Gedanken und Gefühlen in Abrede gestellt wird. Die Psychoanalyse öffnet sich als Verfahren in ihrem spezifischen Erkenntnisvermögen der so verstandenen Negativität der Erfahrung und sucht sie zu verstehen. Deshalb kann das psychoanalytische Verfahren mit gutem Grund als Verfahren einer negativen Hermeneutik rekonstruiert werden.

13 Erkenntnisanthropologische Konsequenzen: Skizzen einer dialektischen Methodologie der Psychoanalyse

Einführung

Diese negativ-anthropologische Revision des psychoanalytischen Erfahrungs- und Prozessbegriffs hat nun Auswirkungen auf die Epistemologie der psychoanalytischen Erkenntnis: Wenn wir psychische Störungen als Symbolisierungsstörungen auffassen und wenn deren Erkennbarkeit beide, das Objekt und das Subjekt der Forschung im nämlichen intersubjektiven Prozess involviert, und wenn wir diesen Prozess aus der Dialektik von Sprachverzerrung und Verhaltenspathologie beider Beteiligter verstehen, dann untersuchen wir den psychoanalytischen Prozess strukturell bzw. erkenntnisanthropologisch als Niederschlag verzerrter Symbolisierungen im Erkenntnisapparat der Subjekte selbst (des Analytikers, des Analysanten und des analytischen Forschers). Wir werden im Folgenden also zwei Schritte gehen müssen, die dem Leser einige Konzentration abverlangen werden. Zunächst wird es darum gehen, den besonderen erkenntnistheoretischen Status des Unbewussten besser zu verstehen. Das Unbewusste ist kein Objekt der Natur, das es zu erkennen gelte, sondern Teil unseres transzendentalen Vermögens, eine regulative Idee, die uns heranführt an die Strukturen, die unbewusst unser Erkenntnisvermögen selbst formen, so wie eine grammatische Struktur die Sprache formt, in der wir uns sprechend bewegen. Dieses Vermögen aber ist – in Abhebung von der üblichen Konzeption des Transzendentalen – nicht von vornherein, a priori, gegeben, sondern lebensgeschichtlich entstanden. Diesem ersten Schritt schließt sich zwingend ein zweiter an. Wir müssen von diesem Modell her Kausalität differenzierter betrachten.

Lernziele

- Den Begriff der Erkenntnisanthropologie erklären können
- Den besonderen erkenntnistheoretischen Status des Unbewussten definieren können
- Transzendentale Strukturen a priori und a posteriori differenzieren können
- Verschiedene Formen von Kausalität unterscheiden können
- Die Verschränkung der verschiedenen Kausalitätsformen anhand der psychoanalytischen Praxis beschreiben können

Den Begriff der Erkenntnisanthropologie (als die für Erkenntnisprozesse spezifizierte Form der negativen Anthropologie) entnehmen wir der *Transzendentalpragmatik* K. O. Apels (▶ Box 14), dessen Rekonstruktion und Metakritik der Geschichte der Erklärens-Verstehens-Kontroverse wir im Teil 1 schon gefolgt waren (s. oben S. 37 ff. über die dritte Phase der Erklärens-Verstehens-Kontroverse). Apels Begriff der Erkenntnisanthropologie stellt eine Modifikation der Lehre von den Erkenntnisinteressen von Jürgen Habermas dar, die wir ebenfalls kurz skizziert hatten (▶ Teil 1). Apel greift dabei auf die Annahme eines »Leibaprioris der Erkenntnis« (vgl. Apel, 1963/1985) zurück, womit er – einer Überlegung Leibnizens folgend – die cartesisch-kantische strikte Trennung der Erfahrungswahrheiten von den Vernunftwahrheiten und die Annahme einer dezidierten Unsinnlichkeit, d. h. sinnlich nicht erfahrbaren Qualität der letzteren zu hinterfragen versucht.

Box 14

Transzendentalpragmatik

bezeichnet nach K.O. Apel die Transformation der kantischen Transzendentalphilosophie nach Maßgabe des Semiotischen Pragmatismus von C. S. Peirce (▶ Box 7 und ▶ Box 8) und der linguistisch-intersubjektiven Wende der neuzeitlichen Philosophie. Die Transzendentalpragmatik fasst synthetische Urteile a priori nicht mehr als Bedingungen der Möglichkeit von Erfahrung auf, sondern »*als not-*

wendige Voraussetzungen (philosophischer) Argumentation«, die deren Letztbegründbarkeit sprachphilosophisch behauptet. Transzendentalpragmatik versteht sich als Philosophie der Intersubjektivität, indem sie nach den Bedingungen der Möglichkeit von Erfahrung fragt im Hinblick auf die unhintergehbaren Voraussetzungen unserer Rede – resp. sozialen Praxis. Transzendentalpragmatik (wie auch die mit ihr verwandte Universalpragmatik von J. Habermas) versucht die universalen Bedingungen möglicher Verständigung zu identifizieren und nachzukonstruieren. Sie reflektiert die nicht hintergehbaren Bedingungen der Möglichkeit der diskursiven Argumentation allerdings nicht mehr – wie noch I. Kant – im Rahmen eines allgemeinen Begriffs des Bewusstseins überhaupt, sondern im Rahmen einer »unbegrenzten Kommunikationsgemeinschaft«. Verständigung wohnt (laut Habermas) als Telos der menschlichen Sprache inne.

Daraus lässt sich eine diskursive Begründung der Ethik als Diskursethik ableiten (im Hinblick auf und in Erweiterung von Kants Moralphilosophie) als universaler Verständigungsdiskurs über Fragen ethischer Dilemmata. In ethischen Konfliktsituationen müssen wir uns rational argumentierend um die richtige Handlungsalternative bemühen. Alle praktischen Fragen sollen konsensuell aufgelöst werden, d. h. es soll ein vernünftiger Konsens hergestellt werden, dem nicht nur jeder Beteiligte, sondern auch jeder Betroffene zustimmen können muss. Die Maxime allen Handelns ist es, das Überleben der menschlichen Gattung als der realen Kommunikationsgemeinschaft sicherzustellen, unter der Maßgabe, in der realen die ideale Kommunikationsgemeinschaft zu verwirklichen.

Anlässlich kritischer Hinweise auf die Idealität des Letztbegründungsanspruchs der Diskursethik stellte Apel ihr einen verantwortungsethischen Diskurs über die »moralisch zumutbare Anwendung« zur Seite, welcher fallibilistische Umdeutungen des die Diskursethik leitenden Konsensprinzips ebenso vorsah wie – an L. Wittgenstein anschließende – Vorschläge zu einer an der Vielfalt menschlicher Praxis orientierten »Sprachspielpragmatik«.

Literatur

Artikel »Transzendentalpragmatik/Universalpragmatik«. In J. Ritter et al. (Hg.): *Historisches Wörterbuch der Philosophie* (Bd. 10, S. 1439–1442), Darmstadt: Wissenschaftliche Buchgesellschaft,), 1999.

In die Erkenntnistätigkeit schreiben sich demnach auch leiblich-sinnliche und triebhafte Perzeptionen ein.[32]

Das reine kantische Ich der Erkenntnis (»Das: Ich denke, muß alle meine Vorstellungen begleiten können«, Kant, 1781/1983, S. 136), das mit seinen rein noumenalen, aus reinem Denken (griech. »nous«/ Denken) entspringenden Kategorien von Raum, Zeit und Kausalität die Bedingungen der Möglichkeit einer jeden Erkenntnis beschreibt, ist für Apel selbst leiblich, sinnlich affiziert (oder – wie Habermas sagt – von Interessen der instrumentellen Verfügung, der kommunikativen Verständigung oder der emanzipativen Aufklärung geprägt).[33]

Mit Hilfe dieser über Apels Leibapriori der Erkenntnis vorgenommen Modifikation der kantischen Erkenntnistheorie lässt sich dessen Metatheorie (die Kant »Metaphysische Anfangsgründe der Naturwissenschaft« nennt; Kant, 1786/1983) direkt mit Freuds Metapsychologie in Beziehung setzen: Auch der Metapsychologie kommt nämlich erkenntnistheoretisch ein anderer Status zu als den Erfahrungen selbst. Freud beschreibt das Grundparadox seiner Metapsychologie wie folgt:

> »Alle Wissenschaften ruhen auf Beobachtungen und Erfahrungen, die unser psychischer Apparat vermittelt. Da aber unsere Wissenschaft diesen Apparat selbst zum Objekt hat, findet hier die Analogie ein Ende. Wir machen unsere Beobachtungen mittels desselben Wahrnehmungsapparats, gerade mit Hilfe der Lücken im Psychischen, indem wir das Ausgelassene durch nahe liegende Schlußfolgerungen ergänzen und es in bewußtes Material übersetzen. Wir stellen so gleichsam eine bewußte Ergänzungsreihe zum unbewussten Psychischen her. Auf der Verbindlichkeit dieser Schlüsse ruht die relative Sicherheit unserer psychischen Wissenschaft. Wer sich in diese Arbeit vertieft, wird finden, daß unsere Technik jeder Kritik stand hält« (Freud, 1941, S. 81).

---

32 Diese erkenntnisanthropologischen Überlegungen fundieren erst die ältere und neuere Diskussion um die Körperlichkeit/Leiblichkeit des Fühlens und der Affekte in psychopathologischen Entwicklungen und in der psychoanalytischen, an Übertragungs- und Gegenübertragungsprozessen orientierten Arbeit; vgl. Leuzinger-Bohleber et al., 2013; vgl. Küchenhoff & Agarwalla, 2013.

33 Wobei Habermas ein instrumentelles Erkenntnisinteresse für die Naturwissenschaften von einem kommunikativen Erkenntnisinteresse für die Human- und Sozialwissenschaften und einem emanzipativen Erkenntnisinteresse für kritische Sozialwissenschaften wie die Psychoanalyse unterschied. Vgl. Habermas, 1968/1973; Apel, 1973, Bd. 2, S. 9 ff., S. 96 ff.

13 Erkenntnisanthropologische Konsequenzen

Das epistemologische Programm, das Freud hier für die Psychoanalyse eher andeutet, als dass er es explizit und differenziert hätte, lässt sich als Programm einer eigenständigen Wissenschaft rechtfertigen. Die beiden Aspekte der Besonderheit des Theorie-Praxis-Verhältnisses in der Psychoanalyse verdienen, besonders herausgearbeitet zu werden, hatte sich an ihnen doch der ganze Methoden- und Wissenschaftsstreit um die Psychoanalyse immer wieder entzündet (▶ Kap. 4). Aus der Besonderheit nämlich, dass in der Psychoanalyse Erkenntnisobjekt und Erkenntnismittel in eins fallen, ähnelt die psychoanalytische Theorie – wie gezeigt – dem von Kant aufgezeigten sog. Paralogismus der Vernunftbegriffe, deren unüberwindbare Antinomie er herausarbeitete. Was ist damit gemeint? Aus der Conditio humana selbst folgt, dass die Rezeptivität des Geistes, die Sinnlichkeit die entscheidende Erfahrungsgrundlage allen Denkens und Urteilens ist und doch deren begriffliche Auffassung nicht auf der Ebene der Wahrnehmungsrealität zu denken ist. Die sinnliche Affizierbarkeit des Verstandes ist gleichursprünglich mit der Möglichkeit des Verstandes, diese Gegenstände sinnlicher Anschauung zu denken, und doch liegt dieses Denken auf einer anderen logischen Ebene als die Anschauung selbst.

Theoriebildung in der Psychoanalyse bewegt sich also stets – wie in der Metaphysik – zwischen den beiden Ebenen der Anschauung und der Begriffsarbeit – verschärft um die Paradoxie, die spezifisch ist für den psychoanalytischen Erkenntnisanspruch, unbewusste Gedanken doch zu denken. Kantisch gelesen, können wir die Kategorien der Metapsychologie nur als »regulative Ideen« (Kant, 1781/1983, Bd. 4, S. 567) konzeptualisieren (als Begriffe, die sich nicht einfach auf eine sinnliche Wahrnehmung beziehen und doch nicht einfach eine Fiktion sind) – mit der Gefahr, sie damit zu idealisieren. Wenn wir das Unbewusste der Psychoanalyse als eine regulative Idee im Sinne Kants bzw. als Sprachwirkung im Sinne Lacans (1987, S. 71–169) auffassen, und nicht als ein Objekt der Natur, so schreiben wir ihm damit implizit eine grammatische Struktur (entsprechend der strukturalen Psychoanalyse Lacans und der generativen Grammatik von Chomsky) und eine dialektische Dynamik zu, die die Negativität sowohl der Triebimpulse wie auch der Leidenserfahrungen des Subjekts berücksichtigt: Wie gebrochen und vermittelt auch immer, sie beeinflussen und prägen unser Denken und unsere Selbstreflexion. Und grammatische Strukturen haben es an sich, dass die in ihrem Rahmen ausgedrückten Inhalte häufig vom Anderen, von unserem Gegenüber (oder dem hinter uns Sitzenden) eher und besser verstanden werden als von uns selbst.

Nicht nur das Objekt der psychoanalytischen Erkenntnis, sondern demzufolge auch die Kausalität des Zusammenhangs seelischer Phänomene muss vor diesem erkenntnisanthropologischen Hintergrund neu gedacht werden. Hierdurch unterscheidet sie sich von naturalistischen Ansätzen zur psychischen Kausalität (▶ Kap. 1).

Die Bestimmung des Denkens des Unbewussten als einer regulativen Idee legt sich aber gleichwohl eine kantische Selbstbeschränkung der Erkenntnis insofern auf, als sie die Kausalität weiterhin als transzendentale Bedingung der Möglichkeit von Erkenntnis überhaupt begreift und sie nicht der Welt der Naturdinge oder der äußeren sozialen Welt zuordnet. Daraus resultiert dann auch eine Besonderheit des Wahrheitsanspruchs psychoanalytischer Erkenntnisse.

Eine solche kantische Restriktion begreift also noch das transzendentale Apriori der Erkenntnis historisch als ein Aposteriori, als Ergebnis der menschlichen Triebgeschichte, was seine Dignität als Apriori-Kategorie der transzendentalen Apperzeption geltungstheoretisch nicht mindern muss (»quasitranszendental« nach Habermas, 1968/1973, S. 21), zumal die Annahme triebhafter Determinanten des Denkens das letztere weniger einschränkt als befruchtet.

Dieser epistemischen Besonderheit der psychoanalytischen Erkenntnis müssen wir kategorial gerecht werden. Es geht darum, plausibel zu machen, dass die früher vorherrschende Methodendichotomie bzw. die abstrakte Disjunktion zwischen Verstehen und Erklären u. E. heute aufgehoben werden muss im Sinne einer dialektischen Vermittlung – so war es oben (▶ Kap. 1) bereits angedeutet worden. Dies soll durch einen knappen Rekurs auf den in der philosophischen Erkenntnistheorie denkbar am weitesten ausgewiesenen Kausalitätsbegriff, auf den von Aristoteles, gezeigt werden.[34]

Aristoteles hatte in seiner Physikvorlesung (Aristoteles, dt. 1979, 2. Buch, Kap. 3–5) von einer vierfachen Verwendungsweise des Begriffs der Ursache gesprochen, von der *materialen (causa materialis),* der *formalen*

---

[34] Wir folgen hier Lacan, 1978, S. 59 ff.; vgl. Warsitz, 1990; vgl. Welsch, 2012, S. 161 f.

(causa formalis), der *finalen (causa finalis)* und der *effektiven (causa efficiens) Ursache*. Angewandt auf die Psychoanalyse erlaubt uns diese vierfache Wurzel der Kausalität die folgenden thesenhaften Bestimmungen:

Die *causa materialis* stellt sich erkenntnisanthropologisch im psychoanalytischen Prozess dar als das Wort, als Signifikant, als das Substrat des Symbolischen. Diese Formulierung mag für das aktuelle neurowissenschaftliche und biologische Denken eine gewisse Provokation darstellen, weil sie das Substrat des Psychischen bzw. der Conditio humana gerade nicht in ihrer neurophysiologischen Materialität, sondern in ihrer symbolischen Vernetzungsstruktur situiert. Sie entspricht aber dem realen psychoanalytischen Prozess, in dem, wie wir eingangs gesehen haben, »nichts vorgeht als ein Austausch von Worten« (Freud, 1917, S. 8).

Als *causa formalis* firmiert die Imago, das Bild. Nicht die neuronalen Netzwerke des Gehirns (da nicht humanspezifisch) formen also den Gegenstand der psychoanalytischen Erkenntnis, sondern die Verbindung von Wort und Bild bzw. von Symbolischem und Imaginären. Das Imaginäre prägt unser bewusstes Erleben in inneren Bildern und Gefühlen. Es baut sich selbst aus unbewussten Phantasien[35] auf, wie z. B. dem von der Kastration, und ist somit aus einer symbolischen Materialität und einer imaginären Formalität zusammengesetzt.

Das *»Objekt« der Psychoanalyse* wäre also die bewusste und unbewusste Phantasie, die uns zunächst im Außen aufscheint, z. B. im Spiegelbild, im Traum, im Augenschein des Anderen, und sodann im Zwischenraum unserer »Phantasie« als inneres Bild zwar gelegentlich bewusst, wiewohl primär unbewusst eingeschrieben ist. Das im Bewusstsein Erscheinende nennen wir ein Phänomen (»phainomenon«/ das »Erscheinende«). Da es sich aber nunmehr um innere Bilder handelt, um die imaginäre Dimension unseres Psychismus, kann sich das Phänomen auch aus anderen Quellen als äußeren Wahrnehmungen speisen (s. Traumbilder). Diese »imagines« werden uns gerade nicht über die

---

35 »Phantasie« wird hier wörtlich als »Ein-Bildungs-Kraft« verstanden und Phantasmata als Urphantasien im Sinne von M. Klein; vgl. Kristeva, 2008b, S. 113 ff.; vgl. Kristeva, 2000.

Netzhaut präsentiert und sodann in den Sehzentren des Okzipitalhirns zusammengesetzt, sondern sie werden uns vorwiegend über Worte, über das Hören und über die Repräsentationen aus Niederschriften früherer Erfahrungen aus den Erinnerungszentren unseres mentalen Apparats (also ebenfalls aus symbolischen bzw. semiotischen Formationen) wieder präsentiert (Re-Präsentanz). In Freuds seelischem Apparat ist die Seele wie in Platons Seelenvorstellung (Platon, 1978, 189 e–190 e) nicht aus Wahrnehmungen, sondern aus Vorstellungen zusammengesetzt, welche er als »lógoi« auffaßt, als gesprochene Rede, sei es in Form des äußeren oder des inneren Dialogs, als Selbstgespräch. Die Psychoanalyse wird damit aber nicht zur Unterdisziplin der Linguistik oder der geisteswissenschaftlichen Hermeneutik in einem engen Sinn, da sie sich primär nicht auf niedergeschriebene Texte bezieht, sondern auf den Prozess des Erinnerns, des Hörens und des Sprechens und auf die daraus sich konstituierenden inneren Bilder, Phantasien und sprachlichen Interaktionen. Die Einbildungskraft (»Phantasie«) unseres psychischen Apparats »überträgt« die Imagines über Worte in den psychoanalytischen Prozess. Die Imago ist aus unbewussten und bewussten Elementen zusammengesetzt, das, was die kleinianische Psychoanalyse ein inneres Objekt nennt, ist unbewusst. Erst die Übertragung »bringt es an den Tag« der psychoanalytischen Aufklärung. Die Übertragung im psychoanalytischen Prozess ist also auch für die psychoanalytische Erkenntnistheorie die zentrale Kategorie. Schon die Reflexion auf diese ersten beiden Ursachentypen des Aristoteles arbeitet die besondere Erfahrungs- und Erkenntnissituation der Psychoanalyse heraus, nicht erst die Analyse der Final- oder der Wirkursache.

Die *causa efficiens*, die klassische Wirkursache, gilt traditionell (im szientifischen Diskurs) als einzig zulässiger und hinreichender Begriff des wissenschaftlichen Erklärens im Sinne einer Handlungs- oder Verhaltensdeterminierung, (▶ Kap. 1 über die Verstehens-Erklärens-Kontroverse). Epistemologisch ist es aber keineswegs notwendig, sie auf ein bloßes Begründungsmoment in einem deduktiv-nomologischen Schlussverfahren (dem einheitswissenschaftlichen Modell der Erklärung im sog. Hempel-Oppenheim-Schema) zu reduzieren, das dem Gesetzeswissen über die Mechanismen der äußeren Natur folgt. Wenn wir den Regel- und Gesetzeszusammenhang der Conditio humana weiter fassen als den biologischen Kontext ihrer Conditiones sine quibus non, dann stellt sich die Frage nach dem Gesetz und der Kausalität des Symbolischen: Damit bezeichnen wir die Gesamtheit der steuernden Regeln und Zusammenhänge der causa materialis und der causa formalis, insofern sie sich zum symbolischen Gesetz zusammenfügen und so handlungssteuernd wirken (Signifikantengesetz). Das Signifikantengesetz wirkt nicht allein aus einer positiven Setzung wie jenes Gesetz der äußeren Zusammenhänge, sondern aus einem primordialen Verbot, in dem sich die Negativität der Conditio humana, ihr Ursprung aus dem Mangel und aus Erfahrungen primärer Versagung als Spur des Negativen im Subjekt manifestiert. Das Gesetz des Symbolischen findet sich paradigmatisch repräsentiert im »Nein« des Vaters, es ist das ödipale Gesetz des Phallus, das als inneres Wissen in uns lebt (wie Kants Sittengesetz) und besagt, dass wir z. B. das ödipale Tabu nicht verletzen werden bzw. dass wir den Anderen nicht töten werden.

Im Fall der Psychoanalyse wird die causa efficiens also bereits vom Imaginären und vom Symbolischen bzw. von der Form- und Materialursache vorstrukturiert. »Trieb« ist nicht »Instinkt«, die psychoanalytische Affektenlehre ist keine biologische Theorie von somatischen Antriebspotentialen als den effektiven Wirkursachen des menschlichen Handelns. Die Psychoanalyse hat zur Physiologie der menschlichen Schleimhäute (als den Ur-topoi der Affekte) nichts beizutragen, wohl aber zur Entwicklung der Ich-, Ideal-Ich- und Über-Ich-Strukturen, da diese im Wesentlichen vom Gesetz des Symbolischen, nicht von dem der biologischen Natur geprägt sind. Lediglich die Symbolik der Schleimhäute und Köperöffnungen ist als signifikante Materialität und phantasmatische Form bzw. als Präkonzept im Sinne Bions zu verstehen. Als signifikante Materialität und phantasmatische Form stellt sie die Spuren bzw. die »Matrix« für psychische Prozesse dar.

Auch das Verständnis der *causa finalis*, der *teleologischen Kausalität* bzw. der Zweckursache[36] muss zugunsten eines Verständnisses psychoanalytischer Begründungen weitgehend modifiziert werden. Es sind nicht die Regulative und Intentionen biologischer Systeme, deren Entelechie hier erklärt würde, sondern die strukturale Funktionsweise des »Systems Unbewusstes«. Darin sind die Zwecke selbst unbewusst geworden,

---

36 Hartmann, 1966; Spaemann & Löw, 1985; vgl. Körner, 1985.

das unbewusste Begehren entzieht sich den rationalen Zugriffsmöglichkeiten des bewussten Denkens.

Einen wichtigen Beleg für diese These zur teleologischen Kausalität finden wir bei Aristoteles selbst, der die Teleologie streng einschränkt auf die Conditio humana und eine für alle biologischen und kybernetischen Modelle, die sich mit Vorliebe auf die Teleologie (heute »Teleonomie«) berufen, sperrige Bestimmung hier einführt: Aristoteles leitet sie nämlich etymologisch ab aus der Kategorie der Vergeblichkeit, des Schicksals und des Zufalls, dessen, was uns scheinbar schicksalshaft »zu-fällt«, aus der »Tyche« (Aristoteles, dt. 1979, 197 b–198 a): Wir Menschen sind demnach häufig nicht in der Lage, den Schicksalsschlägen mit angemessenen Reaktionen zu begegnen, sie zu verarbeiten, wir sind unfähig, »richtig« und angemessen zu handeln. Solche Begegnung bzw. das Verfehlen solcher Begegnung mit den Zufalls-Phänomenen des Lebens bestimmt unsere Reaktionen, nicht das denkbar beste und adäquate Handeln. Auf diese Weise strukturiert das Tychische, der Zufall kausal unser Handeln als Form der verpassten Begegnung mit dem Realen (im Sinne Lacans). Aristoteles nannte ein solches Verfehlen »Dystychia«. Die verfehlte Begegnung mit dem anderen der psychoanalytischen Situation strukturiert nun auch allzu oft die erste analytische Begegnung. Aus dem szenischen Verstehen derselben gelingt es häufig, wichtige unbewusste Themen des gesamten weiteren analytischen Verlaufs zu erspüren. Das Telos der ersten Begegnung oder des Beginns einer jeden Stunde, das Worumwillen (hou heneka) der Inszenierung erschließt sich dem szenischen Verstehen allzu oft nur dadurch, dass wir den Stationen des Misslingens der Begegnung nachspüren, über deren intersubjektive Verständigung Begegnung erst möglich wird.[37]

Dieser Begriff der Dystychia konvergiert weitgehend mit der psychoanalytischen Kategorie des Traumas, also dem, was nicht in unserer psychische Abwehr oder Verarbeitung spontan eingefügt werden kann und was doch mittels der psychoanalytischen Arbeit nachträglich rekonstruiert und repräsentiert wird. Andererseits wird in dem der »Tyche« bzw. der »Dystychia« bei Aristoteles korrespondierenden

---

37 Lacan, 1978; vgl. Warsitz, 1990, S. 214 ff., 231 ff. und 250 ff.; zur negativen psychoanalytischen Hermeneutik vgl. Angehrn, 2010; Storck, 2012.

zweiten Bestimmungsmoment der teleologischen Kausalität, dem Begriff des »automaton«/des »Automatischen«, des »wie von selbst«-Funktionierens unseres psychischen Apparates der hohen Potenz der psychischen Abwehr Rechnung getragen, neue Erfahrungen letztlich doch in die bereits bestehenden Verarbeitungs- resp. Repräsentationsstrukturen einzuordnen. Allerdings zeichnet diese Abwehrstärke immer auch eine tiefe Ambiguität aus, die Drohung der Vergeblichkeit spontaner Begegnungen mit dem Anderen oder dem Realen. Aristoteles leitet das »Automaton« nämlich etymologisch aus dem »mátän« ab, aus der Vergeblichkeit, dem Scheitern, der Ambivalenz, die das Selbst, das »autó«, immer auch prägt (auto-maton).

Die causa formalis legt nun erst fest, wie die causa efficiens und die causa finalis im Rahmen des psychoanalytischen Prozesses ins Spiel kommen können. Das analytische Setting kann als die Manifestation der causa formalis und der causa efficiens im Sinne des symbolischen Gesetzes in der analytischen Situation gelten; es strukturiert das analytische Sprechen und gewährleistet so die Möglichkeit einer Verständigung der Sprache des Unbewussten mit der Sprache des Bewusstseins. Die Struktur des Unbewussten steht so mit der Struktur des analytischen Sprechens in Beziehung. Erkenntnistheoretisch ist die causa formalis die Bedingung der Möglichkeit, teleologische und effiziente Kausalfragen im analytischen Prozess zu stellen.

Zusammenfassung

Die »Struktur des Unbewussten« ist somit jene Formkategorie, über die wir mit keiner anderen wissenschaftlichen Methode Kenntnis gewinnen können als mit der psychoanalytischen Erfahrung des Zuhörens und Sprechens. Einzig über diesen Prozess können wir beispielsweise Erkenntnisse gewinnen über die Struktur des unbewussten Körperbildes, das uns psychosomatische Symptome erschließt (vgl. Küchenhoff, 2012), oder über die Struktur der Rede im analytischen Dialog mit ihren beiden Abhängen der Verdichtung und der Verschiebung (Metapher und Metonymie), die uns den Sinnkontext, die unbewusste Intentionalität neurotischer Symptome und die Übertragungsfiguren vergegenwärtigen. Der bewusste Wunsch schält sich so struktural wie das Myzel des Pilzes aus seinen unbewussten Wurzeln und Quellen langsam heraus; der analytische Dialog ist aufgebaut wie eine Traumdeutung.

Die psychoanalytische Kategorie der Kausalität ist also nicht identisch mit der abstrakten dinglichen Ursachenkategorie eines dem Sprechen externen Sachzusammenhangs, sie ist nicht identisch mit der Entelechie einer biologischen Sinnhaftigkeit oder einer systemischen Funktionalität, sondern sie ist stets an die Struktur des Unbewussten und des Sprechens gebunden: Das Unbewusste ist zwar nicht einfach identisch mit der Sprache, aber es ist wie eine Sprache strukturiert (Lacan, 1978, S. 76), sonst könnten wir nicht mit den Formalkategorien von Übertragung und Widerstand, also rein dialogisch, arbeiten. In diesem Sinne hat Freud die Grundbegriffe von Übertragung und Widerstand, die sich so eng an die Funktionsweise sowohl des Unbewussten wie auch der Sprache anschmiegen, als die klinischen Grundkategorien der Psychoanalyse elaboriert.

Wir kommen nicht umhin zu akzeptieren, dass erst eine völlige Neukomposition der vier Ursachen nach Aristoteles die Prämisse darstellt für das Verständnis der spezifischen Kausalität, besser gesagt das Verstehens und des Erklärens des Unbewussten. In dem konzertanten Spiel dieser vier Ursachen besitzen die etablierten Methodologien der Nomothetik, der Hermeneutik und der Kybernetik offensichtlich noch nicht die geeigneten Instrumente, das Zursprachekommen des Unbewussten zu erfassen. Aus dieser erkenntnisanthropologischen Reflexion resultiert das Postulat einer negativ-hermeneutischen, strukturalen Psychoanalyse (Lacan, 1978; Küchenhoff, 2002; Lang, 2011).

14 Freie Assoziation und gleichschwebende Aufmerksamkeit, Prosodie des Sprechens und Rêverie des Zuhörens: Elemente einer dialektischen Methodologie der Psychoanalyse

Einführung

Das am Ende des letzten Kapitels aufgerufene Postulat einer negativhermeneutischen Psychoanalyse kann nur so eingelöst werden, dass die Negativität und der hermeneutische Prozess im Verfahren selbst aufgewiesen und beschrieben werden. Entscheidend ist – und das haben wir bereits mehrfach betont –, dass die psychoanalytische Erfahrung selbst in ihren methodologischen Konsequenzen ernst genommen wird. Erkenntnistheoretisch unfruchtbar, das haben wir zu zeigen versucht, ist es, eine andernorts entwickelte und erprobte Methodologie der psychoanalytischen Erfahrung vorzuschreiben, gleichsam zu verordnen. Denn wir konnten sehen, dass in diesem Fall die Methodologien immer an den Eigenarten des psychoanalytischen Verfahrens scheitern. Im Teil 2 dieses Buchs wurden diese Eigentümlichkeiten der psychoanalytischen Erfahrung bereits beschrieben. Im Folgenden wollen wir Elemente der spezifischen Erfahrung in der psychoanalytischen Kur vertieft betrachten, die mit der Sprache und dem Sprechen in der Psychoanalyse gegeben sind. Immer wieder kommen wir auf die Grundregeln zurück, auf die freie Assoziation des Analysanten oder der Analysantin und die gleichschwebende Aufmerksamkeit des Analytikers oder der Analytikerin. Beide Begriffe werden, vor dem Hintergrund von modernen Zeichentheorien, weiterentwickelt. Die freie Assoziation soll eingebettet werden in die modernen Theorien des Sprechakts und die linguistischen und semiotischen Theorien, die sich mit dem Verhältnis von verbalen und extraverbalen Gesprächsanteilen befassen, desgleichen mit in der Verlautbarung und Rhetorik mitschwingenden Botschaften jenseits oder diesseits der verbalen Äußerung. Dafür

> wird der Begriff der Prosodie stehen. Die gleichschwebende Aufmerksamkeit wird ebenfalls aus zeichentheoretischer Perspektive angereichert durch den Verweis auf das Spiel, aber auch auf die träumerische, tagträumerische Erkenntnismöglichkeit, also auf ein Verfahren, das gerade nicht auf dem direkten Weg zum Ziel kommt, sondern auf diese Weise den Erfahrungshorizont ausweitet und neue Möglichkeiten schafft. Paradigmatisch dafür soll der Begriff der Rêverie stehen.

Lernziele

- Den Umfang des Sprachbegriffs bei Freud und in der wissenschaftstheoretischen Diskussion um die Psychoanalyse beschreiben können
- Den Informationsgehalt leiblicher Verständigungen und unbewusster Inszenierungen einschätzen können
- Den Umfang dessen, was psychisch repräsentiert werden kann, festlegen können
- Die infralinguistischen und präverbalen Inszenierungen in ihrem entwicklungspsychologischen und strukturellen Verhältnis zur Verbalsprache situieren können
- Die Notwendigkeit einer Theorie der Negativität als Konsequenz aus den zeichentheoretischen und repräsentationstheoretischen Analysen begründen können
- Prosodie und Rêverie als Verfahren verstehen lernen, die der negativen Semantik, d. h. der Negativität und Unvollständigkeit der Zeichen gerecht werden und mit der Negativität im Rahmen des psychoanalytischen Verfahrens konstruktiv umgehen

Die Psychoanalyse ist eine Operation an und mit der Sprache, ein hermeneutisches Unterfangen – dies haben bereits die vorausgegangenen Kapitel gezeigt: »In der Psychoanalyse geht nichts anderes vor als ein Austausch von Worten zwischen dem Analysierten und dem Arzt« (Freud, 1917, S. 9). Dieser Austausch von Worten zwischen Analysiertem und Arzt geschieht methodisch durch die komplementären Haltungen der »freien Assoziation« des Analysanten und der »gleichschwebenden Aufmerksamkeit« des Analytikers:

> »Wie der Analysierte alles mitteilen soll, was er in seiner Selbstbeobachtung erhascht, mit Hintanstellung aller logischen und affektiven Einwendungen, die ihn bewegen wollen, eine Auswahl zu treffen, so soll sich der Arzt in den Stand setzen, alles ihm Mitgeteilte für die Zwecke der Deutung, der Erkennung des verborgenen Unbewußten zu verwerten, ohne die vom Kranken gegebene Auswahl durch eine eigene Zensur zu ersetzen« (Freud, 1912, S. 381).

Im psychoanalytischen Prozess haben wir es mit Erzählungen zu tun, von denen wir annehmen, dass sie im manifesten Text noch die Spuren transportieren, die das Unbewusste in sie eingeschrieben hat und die der Entzifferung harren. In diese Erzählungen eingeschlossen sind auch – wie Freud bemerkt – die Gebärdensprache und andere Ausdrucksmöglichkeiten, die wir heute anders, nämlich mit dem Begriff der Performanz und des performativen Überschusses besser fassen können.

> »Ich überschreite gewiß die gebräuchliche Wortbedeutung, wenn ich das Interesse des Sprachforschers für die Psychoanalyse postuliere. Unter Sprache muß hier nicht bloß der Ausdruck von Gedanken in Worte, sondern auch die Gebärdensprache und jede andere Art von Ausdruck seelischer Tätigkeit, wie die Schrift verstanden werden. Dann aber darf man geltend machen, daß die Deutungen der Psychoanalyse zunächst Übersetzungen aus einer uns fremden Ausdrucksweise in die unserem Denken vertraute sind« (Freud, 1913, S. 403).

Dieser Austausch von Worten im psychoanalytischen Prozess findet nun aber in einem extrem reduzierten Gesprächssetting, dem Couch- und Sesselarrangement, unter weitgehender Ausblendung des Blickkontakts und anderer Wahrnehmungsmodi wie der Berührung und des körperlichen Kontakts statt, allein vermittelt über die freien Assoziationen und die gleichschwebende Aufmerksamkeit der beiden Interaktionspartner. Durch den Mangel an jenen anderen Interaktionsmodi vermag diese besondere psychoanalytische Interaktion aber auch besonders genau in der Wahrnehmung bzw. im Zuhören zu sein. Die Beteiligten selbst, Sprecher und Zuhörer mit wechselnden Rollen, generieren und gestalten einen gemeinsamen Raum ihrer Interaktion, den Raum des Sprechens, in dem die Symbolisierungen, die Repräsentationen des jeweils Anderen zum Ausdruck kommen und eine neue Wirklichkeit, die des psychoanalytischen Prozesses, hervorbringen.

Dieser intersubjektive Raum des psychoanalytischen Sprechens eröffnet sich im dialektischen Prozess von freier Assoziation und gleichschwebender Aufmerksamkeit, welche als die Kategorien der psychoanalytischen Grundregel und der Behandlungstechnik gelten können.

Teil 3 Prolegomena zu einer dialektischen Methodologie

Seit Freuds Entdeckung des hysterischen Diskurses, der »talking cure« Anna O.s und dem dissoziierten Sprechen von Dora (»Bruchstücke einer Hysterieanalyse«), das durch Freuds Vorgabe der analytischen Grundregel provoziert wurde, ist diese Form des Sprechens bis heute zum Modell des psychoanalytischen Diskurses avanciert. Und doch zeigt gerade dieser Diskurs der Hysterie mit seinen Brüchen, rhythmischen Schwankungen, Amnesien und raptusartigen Reminiszenzen, dass hier nicht allein eine hermeneutisch zu verstehende Geschichtserzählung vorliegt, auch keine reine psychopathologisch-hermeneutisch zu verstehende Anamnese. »Die freie Assoziation ist nicht nur eine Erzählung« – so Julia Kristeva in Auseinandersetzung mit der Textform des psychoanalytischen Sprechens (Kristeva, 2000, S. 771; vgl. Kristeva, 2005, S. 287). Die freie Assoziation ist darüber hinaus ein von Sprachverzerrungen, Elementen szenischer Sprachenactments und Performanzen durchsetzter verstümmelter Text, dessen Verstehen aus seinen Inszenierungen und paraverbalen Expressionen allererst zu rekonstruieren bzw. aus seinen Übertragungs- und Gegenübertragungsverwicklungen, -verkörperungen und -materialisierungen im Äußeren zurückzuführen ist auf die Wiederholung einer »unerhörten« Botschaft des Unbewussten des Patienten an den zuhörenden Analytiker (Israel, 1983), deren Skandalon dieser – zusammen mit dem Absender der Botschaft – zu entschlüsseln sich aufgerufen fühlt.

Die theoretische Begründung seiner Methode der freien Assoziation entwickelt Freud in der Dora-Analyse:

> »Ich beginne dann zwar die Behandlung mit der Aufforderung, mir die ganze Lebens- und Krankheitsgeschichte zu erzählen, aber was ich darauf zu hören bekomme, ist zur Orientierung noch immer nicht genügend. Diese erste Erzählung ist einem nicht schiffbaren Strom vergleichbar, dessen Bett bald durch Felsmassen verlegt, bald durch Sandbänke zerteilt und untief gemacht wird. Ich kann mich nur verwundern, wie die glatten und exakten Krankengeschichten Hysterischer bei den Autoren entstanden sind. In Wirklichkeit sind die Kranken unfähig, derartige Berichte von sich zu geben. Sie können zwar über diese oder jene Lebenszeit den Arzt ausreichend und zusammenhängend informieren, dann folgt aber eine andere Periode, in der die Auskünfte seicht werden, Lücken und Rätsel lassen, und ein andermal steht man wieder vor ganz dunklen, durch keine brauchbare Mitteilung erhellten Zeiten« (Freud, 1905, S. 173–174).

Diese Besonderheit des hysterischen Diskurses, der sich mit Hilfe der freien Assoziation allererst zeigt, zeigt sich nun nicht nur speziell beim Hysteriker, sondern erheischt grundsätzliche theoretische Bedeutung für den psychoanalytischen Diskurs. Dessen »Mangel« an einer geordneten Darstellung der eigenen Lebensgeschichte hat neben bewussten und unbewussten Verstellungs- oder Widerstandsphänomenen (»bewusste« und »unbewusste Unaufrichtigkeit«) auch den Grund »wirkliche(r) Amnesien, Gedächtnislücken, in welchen nicht nur alte, sondern selbst ganz rezente Erinnerungen hineingeraten sind, und an Erinnerungstäuschungen, welche sekundär zur Ausfüllung dieser Lücken gebildet wurden« (Freud, 1905, S. 174–175).

Die moderne Psychoanalyse beansprucht, diesen paraverbalen, durch handlungssprachliche und inszenierende Elemente verzerrten, ja verstümmelten Text im intersubjektiven Raum der analytischen Situation zu entziffern – mit Hilfe der Kategorien der unbewussten Phantasie (Weiß, 2013) und der projektiven Identifizierung (Frank & Weiß, 2013), des Embodiments (der leiblichen Interaktion, vgl. Leutzinger-Bohleber, Emde & Pfeifer, 2013) und des szenischen Verstehen (Lorenzer, 2006; Laimböck, 2013) resp. des Enactments (Bohleber et al., 2013; Group, 2013). Diese sprachkörperlichen und körpersprachlichen Inszenierungen können als Erweiterungen der dialektischen Methodologie von freier Assoziation und gleichschwebender Aufmerksamkeit gelten, da sich über sie ein Großteil der affektiven Konnotationen des Gesagten vollzieht. Darüber konfigurieren sich psychische Zustände, die sonst als sprachlos, vorsprachlich oder repräsentationsfrei gelten müssten (Botella, C. & Botella S., 2005b; Parsons, 2008). Alles »bloß« Inszenierte, nicht direkt im semantischen Gehalt, aber über Enactments und den performativen Sprechakt Dargestellte (vgl. Wirth, 2002) lässt sich nur im intersubjektiven Raum der analytischen Begegnung erfassen, über die impliziten Konnotationen des manifest Ausgesprochenen. Sprache – der »Austausch von Worten« – schließt nämlich gerade jene sprachanaloge szenische Interaktion oder auch körpersprachliche und affektive Ausdrucksphänomene im Sinne eines potential space (nach Winnicott) oder der Zwischenleiblichkeit (der »intercorporéité« nach Merleau-Ponty, 1986; vgl. Warsitz, 2006a; Küchenhoff, 2012) gerade ein, so dass wir nur mit einem komplexen Sprachbegriff dem Gegenstand der Psychoanalyse gerecht werden können.

Daraus resultiert für die Forschung in der Psychoanalyse aber ein gravierendes Problem: der beschriebene verbale und paraverbale Prozess ist zwar hochspezifisch und sehr komplex, direkt erfahrbar aber nur durch die beiden Beteiligten selbst, nur indirekt für andere beobachtbar, nicht objektiv aufzeichenbar oder abbildbar. Dies ist eine Folge des Dilemmas bzw. des Paradoxes von Freuds Junktim-Forderung von Heilen und Forschen (Freud, 1927, S. 293).

14.1 Zwischenleiblichkeit: Prosodie und Semanalyse

Julia Kristeva hat jenen Gedanken vom zwischenleiblichen Raum der Repräsentationen in ihrer semiotischen Theorie der Psychoanalyse als Semanalyse elaboriert (von griech. »sema«: Zeichen, Spur, auch Grabmal) (Kristeva, 1969, 1974/1978, 2008a, Kap. 7, 8). Dieser Begriff (»Semanalyse«) intendiert eine semiotische Transformation der Psychoanalyse. Er weist eine thematische Nähe zur oben erwähnten pragmatistischen Wende der Hermeneutik nach Ch. S. Peirce, K. O. Apel und J. Habermas auf (s. oben S. 39 ff.). Der psychoanalytische Diskurs umfasst darin nicht nur den Text des Gesprochenen, das Narrativ bzw. die semantischen Gehalte dieses Dialogs, sondern schließt in einem komplexen Zeichenaustausch den Körper und die Affekte einschließlich ihrer unbewussten Manifestationsformen ein. Diese werden im psychoanalytischen Prozess allesamt über die verbalen Sprachfiguren vermittelt, sind aber nicht schlicht identisch mit ihnen.

Der oben von Freud erwähnte psychoanalytische Austausch von Worten ist demnach nach Kristeva zweifach determiniert: Es gibt die semantischen Gehalte der ausgesprochenen Worte (die Signifikanten der väterlichen Sprachstruktur nach Lacan, 1953/1986), es gibt darüber hinaus und z. T. diesen vorgängig jene zeichenvermittelte semiotische Interaktion des Sprechens im mütterlichen Raum (»Chora« als »Gebär-Mutter« auch der Sprachbildung nach Kristeva resp. Platon; Kristeva, 1974/1978), in der die affektiven, leiblich gebundenen Botschaften eher durch den Klang der Stimme, die Prosodie, Rhythmik und Tonlage, durch die »infralinguistische Musikalität der Muttersprache« übermittelt werden, welche vom Infans als paraverbale Botschaften verstanden werden, bevor es seine Sprachkompetenz elaboriert hat. »Pränarrative Hüllen zwischen Angst und Sprache« und die Geburt der »Phantasie als inkarnierte Metapher« nennt Kristeva (mit D. Stern resp. M. Klein; Kristeva, 2008a) diesen Zeichenaustausches »jenseits« bzw. »diesseits der Worte« (Kristeva, 1997, S. 19 f., 1980, S. 9 ff.; vgl. Warsitz, 2001, S. 120 ff.).

Box 15

Julia Kristeva

(*1941 in Sliwen, Bulgarien) ist Literaturtheoretikerin, Philosophin, Schriftstellerin und Psychoanalytikerin in Paris.

Ihre Schriften zur Linguistik und zur Sprache prägten die poststrukturalistische Diskussion durch ihre Mitarbeit an der literaturkritischen Zeitschrift Tel Quel und durch ihre Mittlerrolle zwischen dem französischen Strukturalismus und dem russischen Formalismus (Michael Bachtin). Literaturwissenschaftlich und psychoanalytisch hat sie die Begriffe der Intertextualität (nach M. Bachtin) und der Semiotik der Muttersprache eingeführt und auf den kreativen Prozess des poetischen Schreibens und des Sprechens im psychoanalytischen Prozess bezogen. Beeinflusst wurde sie dabei u. a. von der S. Freud'schen, der M. Klein'schen und der J. Lacan'schen Psychoanalyse. Ihr psychoanalytischer Zugang zur weiblichen Sozialisation, zur Muttersprache und zur Mutterschaft prägte ihre Rolle in den Gender-Studies, wo sie die weibliche Identität im Patriarchat reflektierte. Neben ihrer Forschungstätigkeit hat Kristeva auch eine Reihe von Romanen veröffentlicht. Politisch hat sie sich zuletzt auch als eine engagierte Europäerin engagiert.

Die für Kristeva charakteristische Kombination literaturwissenschaftlicher, philosophischer und psychoanalytischer Konzeptualisierungen konzentriert sich seit den 1970er Jahren auf eine eigenständige Theorie des Spracherwerbs und der Sprachverwendung aus der doppelten Prägung durch die Semiotik der Muttersprache (Prosodik, Rhythmizität) in ihrer Interferenz mit der Semantik und Logizität der Vatersprache (Signifikantentheorie des französischen Strukturalismus). Dieser Sprachbegriff ist weiter gefasst als ein nur verbaler Sprachgebrauch, da er textuelle, körpersprachliche, imaginäre (ikonische) und indexikalische Formen der Zeichenverwendung einschließt. Intertextualität besteht darin sowohl zwischen verschiedenen Texten als auch in einzelnen Texten zwischen den unterschiedlichen Sprachebenen.

Teil 3 Prolegomena zu einer dialektischen Methodologie

Hauptwerke:
Semiotiké. Recherches pour une sémanalyse. Paris: Éditions du Seuil, 1969.
La Révolution du langage poétique, Paris: Éditions du Seuil, 1974, dt. Die Revolution der poetischen Sprache (Teilübersetzung), Frankfurt/M.: Suhrkamp, 1978.
Pouvoir de l'horreur. Essai sur l'abjection. Paris: Éditions du Seuil, 1980.
Soleil noir: dépression et mélancolie, Paris: Gallimard, dt. Schwarze Sonne. Depression und Melancholie, Frankfurt/M.: Brandes & Apsel, 2007.
Étrangers à nous-mêmes, Paris: Gallimard, 1988, dt.Fremde sind wir uns selbst, Frankfurt/M.: Suhrkamp, 1990.
Le génie féminine. La vie, la folie, les mots. Tome I-III. Hannah Arendt, Melanie Klein, Colette. Paris: Fayard, 1999–2002, dt. Das weibliche Genie. Hannah Arendt. Berlin – Wien: Philo.2001, Das weibliche Genie Melanie Klein: Das Leben, der Wahn, die Wörter. Gießen: Psychosozial-Verlag, 2008.
Pouvoirs et limites de la Psychanalyse I-III, Sens et Non-Sens de la Révolte. Paris: Fayard, (1997). La révolte intime. Pouvoirs et limites de la psychanalyse II, (2000). La haine et le pardon: Pouvoirs et limites de la psychanalyse III. Paris: Fayard, 2005.
Pulsions du temps, Paris: Fayard, 2013.

Diese Musikalität der Sprache transportiert bzw. überträgt gleichsam noch einen zweiten Text, eine weitere Botschaft, die zwischen Baby und Mutter oder zwischen Analytiker und Analysant ausgetauscht wird – durch die verbale Sprache hindurch. Es sind die zwar sprachvermittelten, aber nicht in den semantischen Bedeutungen der Worte aufbewahrten Zeichengebungen der Prosodie der gesprochenen Sprache, aber auch des geschriebenen Textes, der Tonalität, des Rhythmus und der Interpunktionen bzw. Unterbrechungen des Sprachflusses, des Schweigens und Verstummens mit ihrer oft ganz heterogenen emotionalen Aufladung des Verhältnisses von Stimme und Stimmung sowie von anderen körpersprachlichen, indexikalischen Analoga des Ausdrucks. Dieses »Begehren in der Sprache« teilt sich auch im paraverbalen Zeichenaustausch, in der Atmosphäre der Zwischenleiblichkeit, über die indirekte Zeichengebung der Körpers. Der lautliche Zeichenaustausch zwischen Mutter und Kind und der analytische Dialog, der auch oft einen sukzessiven Prozess und nicht eine sofort gelingende Verständigung darstellt, prägt ja von Anfang an, lange vor dem Verständnis semantischer Inhalte der Worte durch das Infans, den Dialog und erscheint unverzichtbar für ihn. Nicht nur der Geruch der Mutter und des Babys, sondern auch die Stimme der Mutter und des Babys diesseits der Artikulation bestimmter semantischer Gehalte bestimmen die Atmosphäre[38] des frühesten Kontakts. Und nicht zuletzt darüber wird das verbale Verständnis der Sprache vermutlich auch entscheidend gefördert und vermittelt.

Kristeva (2000, 2005, S. 290 ff., 2008a, S. 141 ff.) verwendet zur Darstellung dieses semiotischen bzw. semanalytischen Prozesses gelegentlich auch den Begriff der protonarrativen Hüllen nach Daniel Stern:

> »Das ursprüngliche Konzept des Gegenwartsmoments, der eine gelebte Geschichte in sich birgt, wurde in einer vorläufigen Form unter der Bezeichnung ›protonarrative Hülle‹ beschrieben [...]. Die Vorsilbe ›proto-‹ wurde benutzt, weil wir annahmen, dass das Phänomen primitiver und der Sprache vorgängig sei [...]. Ich verstehe es auch eher als eine emotionale Narration, die gefühlt wird, und weniger als eine kognitiv konstruierte und in Worte gefaßte Geschichte. Aus diesen Gründen spreche ich auch mittlerweile nicht mehr von der proto-narrativen Hülle, sondern von der gelebten Geschichte« (Stern, 2005, S. 74).

Kristeva greift diesen Ansatz von Stern auf und bringt ihn in Zusammenhang mit den »Protophantasien« nach Melanie Klein und Susan Isaacs, welche die »archaischen Aspekte dieser Formationen« darstellen, also eine ...

> »Quasinarration, welche Triebe und Wünsche artikuliert, die sich an das Objekt richten (die Brust, die Mutter), um das Überleben des jungen, phobischen und sadistischen Ego zu sichern [...]. In der Tat wurden ›Gegenwartsmomente‹ oder ›kognitiv-affektive Modelle‹ bei Kindern unter 10 Jahren beobachtet, welche plötzlich die Form ›prä-narrativer Umhüllungen‹ annehmen [...]. Diese pränarrative Umhüllung gehört zu einer emotionalen Erfahrung, sowohl physisch wie subjektiv, die auf den Trieben in einem interpersonalen Kontext beruht. Sie ist mit anderen Worten ein mentales Konstrukt, das aus der realen Welt auftaucht [...]. Ist die Narration eine elementare Struktur der Objektbeziehung und der Phantasie, auf der diese beruht?« (Kristeva, 2000, S. 773, eigene Übersetzung).

Man kann dieses Konzept des frühen Mutter-Kind-Dialogs um die »pränarrativen Hüllen zwischen Angst und Sprache«, das dann auch dem psychoanalytischen Diskurs die Form bzw. den Prozess einer Ver-

---

38 Die wörtliche Übersetzung von »Atmosphäre« ist »Geruchsraum«; vgl. Böhme, 1995; vgl. Warsitz, 2006a.

ständigung über das Triebgeschehen im interpersonalen Kontext mit Worten, Handlungen und durch dieselben hindurch geben soll, nun durchaus mit dem Prozess bzw. dem Schlussverfahren der Abduktion im Sinne von Ch. S. Peirce in Analogie bringen, als Prozess der Herstellung einer intersubjektiven Verständigung über zunächst Unverständliches (▶ Kap. 1 und weiter unten in diesem Abschnitt).

Diese Konzeptualisierung des lautlich-stimmlichen Zeichenaustauschs der frühkindlichen und der psychoanalytischen Interaktion impliziert nun die Einbeziehung der Kategorie der Negativität als eines Motors des Symbolisierungsprozesses (Botella, C. & Botella, S., 2005a). Kurz angedeutet bedeutet dies in der Diktion von Kristeva, dass die Konstitution eines vom Körper getrennten Objekts die Loslösung aus der primären Symbiose zur Voraussetzung hat und dass das Objekt in dem Moment der Trennung als Abwesendes als Zeichen gleichsam fixiert, sozusagen mentalisiert wird in einem dialektischen Prozess der Sinngebung (Kristeva, 1974/1978, S. 118 u. S. 129). Die Dynamik der Trennung vom primären Objekt und dessen Wiederaufrichtung als inneres Objekt, als Repräsentanz hält Kristeva für essenziell für die Entwicklung der psychosexuellen Identität. Sie hat diese Dynamik wiederholt am Beispiel des Muttermordkomplexes und seiner Regressionsformen illustriert (Kristeva, 2007, 2008a). Ein verwerfender Umgang in diesem Prozess, der dem abwesenden Objekt kein Zeichen, keine Repräsentanz im Psychismus gewährt bzw. dessen präödipale, anale Ausstoßung fixiert, in dem die sadistische Komponente des Sexualtriebs, letztlich der Todestrieb, seine Spur im Subjekt setzt, generiert gegebenenfalls eine schwere, letztlich psychotische (oder autistische bzw. schizophrene) Kontakt- bzw. Symbolisierungsstörung (Kristeva, 1974/1978, S. 130 ff., vgl. 1980). Diese Dynamik zeigt Kristeva nicht allein an der Entwicklungspsychopathologie von Kindern und in der Psychopathologie klinischer Syndrome auf, sondern ebenso in der poetischen Sprache der modernen Literatur (z. B. bei Joyce, Mallarmé, Lautréament, Bataille).

Diese Überlegung Kristevas konvergiert – wie schon am Beispiel der »protonarrativen Hüllen« von D. Stern gezeigt – weitgehend mit zahlreichen Befunden der Säuglingsforschung. Auch Joseph D. Lichtenberg beschreibt einen präverbalen, semiotischen Zeichenaustausch zwischen Mutter und Kind in einer frühen Stillsituation:

»Das Neugeborene ist von Geburt an biologisch zur Reizsuche geprägt. Ein sehr junges Infans, das in der Fütterungsposition gehalten wird, unterbricht seine Nahrungsaufnahme, um seine Augen dem Gesicht der Mutter zuzuwenden, das etwa 20 cm von ihm entfernt ist [...]. Sie antwortet automatisch auf seine erhöhte Munterkeit und spricht zu ihm in einem rhythmischen Ton. Seine Arme beginnen sich zu bewegen in einem Rhythmus, der ihrem Sprechrhythmus entspricht. Als sie sich abwendet und sich vorbereitet, das Füttern fortzusetzen, signalisiert er mit seinen Augen einen wiederholten Kontaktwunsch. Sie antwortet darauf und fährt dann mit dem Füttern fort« (Lichtenberg, 1982, S. 700, eigene Übersetzung).

In dieser Stillsituation ist eine komplexe semiotische Interaktion beschrieben, die den haltgebenden Kontakt ebenso einschließt wie den körperlichen, psychomotorischen, den imaginativen und den stimmlichen Austausch (im rhythmischen Sprechen). Das Infans, das noch nicht sprachbegabte Kind, scheint, wenn wir es beobachten, sehr wohl an diesem komplexen Zeichenaustausch beteiligt zu sein, es scheint ihn zu »verstehen«. »An den Grenzen der Sprache« (Schmitz, 1998) werden Indices zwischen Mutter und Kind vermittelt (stimulus seeking) und Vorstellungen (icons) ausgetauscht. Dieser komplexe Zeichenaustausch geht über die Präkonzepte nach Bion (hier das Präkonzept »Brustwarze in Mund« – vgl. Hinshelwood, 1989/1993, S. 564 f.) hinaus und impliziert sogar »symbols«, also Signifikanten, die als Ausgangspunkt für den Prozess der signifikativen Verkettungen mit anderen Signifikanten dienen. in der Begrifflichkeit von Ch. S. Pierce und J. Lacan könnten wir sagen, dass sich im ikonischen, indexikalischen und symbolischen Signifikantenaustausch das Subjekt repräsentiert für andere Signifikanten, und dies wohlgemerkt auch dann, wenn dies nicht über den semantischen verbalen Austausch, sondern »nur« über den präverbalen semiotischen Zeichenaustausch geschieht. In der Nomenklatur von Kristeva könnten wir ergänzen, dass sich das Subjekt als Infans über die Welt der Zeichen in einem körperlich-affektiv-kognitiven Prozess herausbildet in Gestalt der semiotischen Triebauflagerungen des infantilen und des analytischen Dialogs (Kristeva, 1974/1978, S. 35 ff.).

Der dynamische Zusammenhang bzw. die Triebkraft der Entwicklung wird – wie in Hegels Dialektik (Hegel, 1807/1970, S. 24) – auch in semiotischer bzw. semanalytischer Perspektive durch die Negativität bzw. die »Arbeit des Negativen« als Motor der Entwicklung gewährleistet. Auch die Dynamik der Übertragung und Gegenübertragung in der Psychoanalyse entfaltet sich nach Lacan, Green und

Kristeva[39] als Begehren in der Sprache durch die Arbeit des Negativen über triebhafte Impulse und Affekte, durch deren innere Widersprüchlichkeit und inneren Konflikte und nicht allein durch kognitive Bewertungen und rationale Entscheidungen. Dem Konzept der Arbeit an den Grenzen der Sprache Kristevas kommt eine negativ-semiotische Dimension zu, die entscheidend ist für die Erkenntnisanthropologie des psychoanalytischen Prozesses.

14.2 Rêverie und negative Semiotik

Freuds knappe Überlegungen zur Verneinung (Freud, 1925a) wurden gerade in der französischen Psychoanalyse (Brede, 2004) zum Anlass genommen, das Verneinungssymbol und die Psychodynamik der Verneinung, des Mangels und der Verwerfung einer grundsätzlichen Neubestimmung in ihrer Funktion für den psychoanalytischen Prozess zu unterziehen. Die Verneinung spielt als gestisches Interaktionssignal bereits in einem sehr frühen Stadium (infantile Phase bis zum sechsten Monat) eine zentrale Rolle, insofern hier verwerfende Ausstoßungsprozesse eine erste präverbale Verständigung ermöglichen, wie etwa in dem imaginären Fort-Da-Spiel[40] das Freud an seinem Enkel beobachtete und das die Fähigkeit zur spielerischen Manipulation und Repräsentanz des verlorenen Objekts ermöglicht (Freud, 1920). Erst viel später (mit dem Spiegelstadium zwischen dem 6. und 18. Monat; Lacan, 1949/1975) führt dessen Erfahrungsgehalt: »das bin ja ich ...« im Sinne einer grundsätzlichen Illusion zur narzisstischen Selbstverkennung. Die Spiegelidentifikation ist zugleich eine erste, narzisstische Form der Selbster-

---

39 Lacan, 1978, Kap. V, S. 70 ff.; Green, 1993; Green, 2005, Kap. 13, S. 212 ff. und Kristeva, 1974/1978, Kap. II, S. 114 ff.; Kristeva, 1996, Kap. VIII.2, S. 416 ff.
40 Freud beobachtet an seinem Enkel ein Spiel mit der Garnrolle, die an einem Faden hängt, den das Kind festhält, während es die Garnrolle wegwirft – um sie wieder an sich heranzuziehen: Paradigma einer aktiven Kompensation des Objektverlustes.

kenntnis und eine der imaginären Selbsttäuschung. Der Gedanke (»das bin ja ich«) ist zugleich die Negation der Erfahrung, der Gedanke, das Symbol ist – nach einer hegelianischen Wendung Lacans – der »Mord am Ding«: »Das Symbol manifestiert sich so zunächst als Mord am Ding, und dieser Tod konstituiert im Subjekt die Verewigung seines Begehrens« (Lacan, 1953/1986, S. 166). Darüber hinaus ist die imaginäre Identifizierung einer der ersten Schritte einer symbolischen Abgrenzung (vom primären Anderen) und führt darüber zu Holophrasen, Worten, Signifikanten, die mit dem narzisstischen Ich zugleich die ganze Welt bedeuten. Sie bereitet über die imaginäre Verkennung dann Verneinungsoperationen als Kennzeichen der symbolischen und syntaktischen Sprachfunktion vor.

Auch W. R. Bions »Theorie des Denkens« (Bion, 1962/1963) bzw. seine Konzeption des Lernens aus Erfahrung und sein Gedanke der »negative capability« (Bion, 1992, S. 304) folgen diesem Negativitätsdispositiv bzw. der Dialektik von realem und symbolischem Sein/Nichtsein: »Nicht-Brust« ist demnach der erste Gedanke (»no-thing/nothing«):

> »Wir können sehen, daß die böse Brust, d. h. die ersehnte, aber abwesende Brust, viel wahrscheinlicher als Vorstellung erkannt wird als die gute Brust, die assoziiert wird mit dem, was ein Philosoph als ›Ding an sich‹ oder als Ding in der empfundenen Gegenwart (thing-in-actuality) bezeichnen würde, und zwar insofern das Empfinden einer guten Brust von der Existenz von Milch abhängt, die das Kind tatsächlich getrunken hat. Zwischen der guten Brust und der bösen Brust muß es einen Unterschied in der psychischen Qualität geben, da die eine mit der tatsächlichen Milch assoziiert ist, die den Hunger stillt, und die andere mit dem Nicht-Vorhandensein von Milch. ›Gedanken sind lästig‹ sagte einer meiner Patienten, ›ich will sie nicht‹. Ist ein Gedanke dasselbe wie die Abwesenheit eines Dings? Wenn da kein ›Ding‹ ist, ist ›kein Ding‹ ein Gedanke (no thing nothing)?« (Bion, 1992, S. 81 f.).

Spuren, die etwas Abwesendes indizieren, sind somit negative Zeichen, sie stellen die Matrix des Semiotischen und der Semanalyse dar. Die negativen Zeichen scheinen sich zunächst einer psychischen Repräsentation und einer Bewusstwerdung zu entziehen, sie stellen »Angriffe auf Bindungen« (Bion, 1959/1990) im Denken dar, sie können als Abkömmlinge des Todestriebs gelten, der ja stumm bleibt nach Freuds Erkenntnis, unsichtbar und doch indirekt anwesend, in den Umhüllungen der Worte, in der Prosodie der Sprache, in den körperlichen Inskriptionen. Aus klinischen Beobachtungen (z. B. bei J. Kristeva, 2007 über die »schwarze Sonne« der Melancholie oder bei A. Green, 2004 über die

Borderline-Störungen bzw. bei Bion, 1959/1990 über psychotische Phänomene) können wir schließen, dass jene semiotischen Umhüllungen der Worte über einen Besetzungsentzug, eine radikale Dekathexis sich von diesen lösen können, was zur Dynamik der inneren Leere, einer Deliaison führen kann, und einer Desobjektalisierung der Beziehung gleichkommt. Hier konvergiert Kristevas Semanalyse mit Greens »Travail du Négatif« (Green, 1993) und Bions Theorie des Denkens. Spuren des Negativen, analysierbar im zwischenleiblichen Raum der Übertragung gefährden und bedingen die analytische Arbeit des Deutens und Sprechens gleichermaßen. Am Anfang der sprachlichen Kommunikationsfähigkeit stehen Verneinungsoperationen vom Typ: »nicht (m)ich« (z. B. »die Mutter meint nicht mich«) (Kristeva, 1969, 1974/1978, 2000), darin verbirgt sich die Verneinung eines Begehrens, nicht allein ein kognitiver Akt.

Julia Kristeva hatte nun bereits in ihrer frühen Arbeit zur Revolution der poetischen Sprache (Kristeva, 1974/1978) die Unterscheidung einer positivierenden und einer negativierenden (verwerfenden) Negativität herausgearbeitet und diese in Bezug gesetzt zum Begriff der Verneinung bei Freud als subjekt- und sprachkonstituierender Kategorie, mit der sich die letztlich thetische Verkürzung der (positivierenden) Negativität noch bei Hegel und in der Logik Freges durch das dynamisch Unbewusste der Psychoanalyse erweitern lässt (vgl. Küchenhoff, 2014).

Dieser Gedanke Kristevas von der Erweiterung der Macht und den Grenzen der Sprache durch die semiotische Transformation der Psychoanalyse als Semanalyse zeigt sich in der psychoanalytischen Kur in jeder Stunde, er ist aber besonders offenkundig in der prosodischen Verarmung der Sprache bis zum völligen Verstummen, dem Mutismus, den wir bei schweren Depressionen und Psychosomatosen erleben und bei der eine Art Perversion der Prosodie auftritt (Kristeva, 2000). Hier erscheinen die semantischen Gehalte von ihren affektiven Konnotationen und allen semiotischen Auflagerungen entkleidet bzw. ihrer pränarrativen Umhüllungen beraubt. Diese Affektberaubung (Privation) bzw. Gefühlsabstraktion wird dann in der Gegenübertragung über ihre projektive Identifikation im Körper des Analytikers wieder präsent und führt, so lange sie nicht bemerkt bzw. dem Unbewussten der aktuellen Situation zugeordnet werden kann, zu schwer erträglichen Denkstörungen und inneren Kontaktabbrüchen in der Stunde, die wie durch einen Schalter blitzartig ausgelöst werden. Umgekehrt ermöglicht die Vergegenwärtigung dieser Dynamik in der Stunde (durch Analytiker und/oder Analysant) mithilfe seiner Rêverie (s. unten) und sodann des Aussprechens dieser Selbsterfahrung im Kontakt eine Umkehr, eine Inversion der Verwerfung bzw. der bestimmten Negation, eine Negation der Negation im Hegel'schen Sinne gleichsam, welche den Prozess der hermeneutischen Sinngebung immer wieder in Gang setzt.

Mit diesen Überlegungen Kristevas zur semiotischen Transformation der psychoanalytischen Hermeneutik möchten wir den klassischen psychoanalytischen Erkenntnisprozess, wie Freud ihn unter den Begriffen der freien Assoziation und der gleichschwebenden Aufmerksamkeit konzeptualisiert hat, erkenntnisanthropologisch vertiefen um die Kategorien bzw. Regulative der Rêverie, wobei wir W. R. Bions psychoanalytischen Begriff der Rêverie mit erkenntnistheoretischen Begriff der Rêverie bei Charles S. Peirce erweitern. Die Semiotik von Peirce steht nämlich zu derjenigen von J. Kristeva in einer nicht immer ganz einfach zu situierenden Beziehung. Beide, Peirce wie Kristeva, weisen aber gegenüber anderen Sprachphilosophien und semiotischen Theorien die Gemeinsamkeit eines weiten, die Körperlichkeit (Indexikalität), die Bildhaftigkeit (Ikonizität) und die im engeren Sinne Symbolizität einschließenden Zeichenbezugs auf (Nöth, 2000, S. 414–417).

Im Folgenden werden wir also versuchen, den freudschen Begriff der freien Assoziation mit Hilfe der Kategorie der prosodischen Sprachfunktion nach J. Kristeva weiterzuentwickeln, die im psychoanalytischen Prozess die Vermittlung der mütterlichen Sprache mit der väterlichen Signifikantenfunkion Lacans ermöglicht. Daran schließt sich der Versuch an, die freudsche Kategorie der gleichschwebenden Aufmerksamkeit über die bionsche resp. peircesche Erkenntnisfunktion der Rêverie zu transformieren, um so zu einer Vermittlung bzw. Vergleichbarkeit heterogener Dispositive in der Erkenntnisanthropologie der Psychoanalyse zu gelangen.

Im psychoanalytischen Prozess werden Zeichen heterogenster Art (»semata« und »pragmata« nach der Nomenklatur von Peirce, 1991) ausgetauscht, auch dysfunktionale oder in ihrer Symbolfunktion verstümmelte Zeichen, nicht allein Worte, nicht allein verbale semantische Gehalte (»rhemata« nach Peirce). Was wir in der Psychoanalyse als Enactment oder Handlungsdialog verstehen oder via szenischem Verstehen interpretieren als Inszenierung, ist ein Pragma oder ein performativer Sprechakt oder auch ein körperlich-leiblicher Interaktionsprozess (index – Zeichen). Diese symbolisch vermittelte Interaktion mag gänzlich averbal verlaufen und ist doch verbal vermittelt, sonst könnte sie nicht Gegenstand des psychoanalytischen Dialogs und seiner Interpretation bzw. Gegenstand von Deutungsoptionen sein.

Eine psychische Repräsentanz ist demnach mehr als eine nur verbale Bedeutung. Wenn man heute im neueren Psycho-Jargon davon spricht, dass Inszenierungen, Enactments, Embodiments oder auch Gegenübertragungsenactments oder posttraumatische körperliche Symptome, Flashbacks, Intrusionen und Affektzustände psychisch nicht repräsentierten Erfahrungen entsprächen und daher außersprachlich, körperlich ausagiert werden müssten, z. B. bei posttraumatischen Belastungsstörungen, bei Psychosomatosen (Alexithymie), bei Borderline-Patienten, aber auch bei schweren Depressionen mit ihren Somatisierungsstörungen oder bei hysterischen Konversionen, so gilt es, dies zu präzisieren. In semiotischer Perspektive sind sie nämlich sehr wohl repräsentiert, nicht immer verbal zwar, wohl aber als Zeichen – semiotisch, würden wir sagen – und damit, so die zentrale, sozusagen hermeneutische Konsequenz dieser Bestimmung, auch übersetzbar in verbale Sprache. Sonst könnten wir ja auch mittels Psychoanalyse – als Operation an und mit der Sprache – überhaupt nichts daran bewirken. Diese semanalytischen Operationen folgen stets der via negationis des hermeneutischen Verstehens: Sie können jeweils als dasjenige noch nicht gelten, was zu werden sie doch eine innere Tendenz aufweisen.

Diese semanalytische Interpretation des psychoanalytischen Prozesses nach Kristeva ähnelt der dreiwertigen Zeichenlogik von Peirce und fügt ihm zugleich jenen negativen Bewegungsimpuls der Semanalyse hinzu, der aus der Analyse klinischer, sozialer Interaktionserfahrungen stammt und der jener doch auffallend fehlt.

Die conditio humana semiotica offenbart in dieser Bestimmung sogar noch neben ihrer möglichen Einheit auch den Widerspruch und die Spannung, ja die Entfremdung, den symbolischen Riss, den Verlust der Identität zwischen Zeichen und Sprachfunktion im Menschen (als Ahnung einer negativen Semiotik).

Von »negativer Semiotik« könnten wir dann sprechen, wenn präverbale Zeichenverweisungen wie Szenen, Emotionen, Embodiments dort sich finden, wo verneintes Begehren, Frustration, Mangelerfahrungen auftreten, wodurch allererst Zeichen gesetzt werden, Erinnerungsspuren eingraviert werden – wie die Hauteinritzungen unserer Borderline-Patienten –, welche später auch als sprachliche Repräsentanzen verfügbar sein sollen.

Eine Methode der Übersetzung oder Übertragung solcher negativer Zeichenverweise ist die psychoanalytische Methode der freien Assoziation und der gleichschwebenden Aufmerksamkeit, die wir mit dem prosodischen Sprechen nach Julia Kristeva und mit Bions Rêverie ansatzweise transformiert haben.

Wir kennen den Begriff der Rêverie als »träumerische Gelöstheit« (wie E. Krejci ihn übersetzt) aus Bions »Theorie des Denkens« (Bion, 1962/1963; vgl. Ogden, 1997, 2008). Bion versteht darunter das träumerische Sich-Einfühlen der Mutter in die affektiven Erlebniszustände des Säuglings bzw. des Analytikers in die vom Analysanten geäußerten oder inszenierten bzw. via projektive Identifizierung in ihn deponierten Botschaften, welche Bion ß-Elemente nennt:

> »Mit dem Begriff ›Rêverie‹, träumerisches Ahnungsvermögen oder träumerische Gelöstheit bezeichnet Bion einen psychischen Zustand der Mutter, auf den der Säugling angewiesen ist. Die Mutter muß sich in einem Zustand ruhiger Aufnahmefähigkeit befinden, um die Gefühle des Säuglings in sich aufnehmen und ihnen Sinn geben zu können« (Hinshelwood, 1989/1993, S. 593).

Die Mutter (bzw. der Psychoanalytiker) nimmt – so ließe sich Bion semiologisch umformulieren – Zeichen der degenerierten Stufe der indices oder icons (nach Peirce) auf, welche für den Säugling selbst unverdaulich sind oder nicht voll symbolisiert werden können und die Bion präverbale β-Elemente nennt. Sie repräsentiert diese in ihrem psychischen Raum (Rêverie) und vermag sie dann als genuine Zeichen (Symbole, α-Elemente) in nunmehr verträglicher, verdaulicher Form dem Säugling zurückzugeben. So entgiftet sie den (via projektiver Identifikationen) vergifteten Raum des Zeichenaustausches im Babytalk bzw. im psychoanalytischen Diskurs (Bion, 1970/2006, S. 11). Bion hat diesen Gedanken der Rêverie, wiewohl äußerst populär im aktuellen Jargon der Psychoanalyse, nicht ausreichend elaboriert, er liefert ihm aber dennoch den begrifflichen Rahmen seiner Theorie des Denkens. Er impliziert – wie schon Freuds freie Assoziation und gleichschwebende Aufmerksamkeit – insofern einen negativen Kern, ein methodisches Moment der via negationis, als er in einer dezidierten Aussetzung (oder Einklammerung) des kognitiv-intentionalen Denkens und der logischen Stringenz rationaler Argumentation seine Dynamik entwickelt wird.

Auch Charles S. Peirce verwendet den Begriff der Rêverie als eine eigenständige Art des Denkens, auch er verwendet ihn erkenntnistheoretisch, auch bei ihm verbleibt er aber – wie bei Bion in einer gewissen methodologischen Unschärfe – als ein Argument, wiewohl eher spielerischer Art, das sich im Zustand der Versonnenheit realisiert. Die Rêverie nach Peirce weist die nämliche Eigentümlichkeit wie bei Bion auf, eine Art des Denkens zu sein (ein »Zustand des Geistes« bzw. ein »neglected argument«), die gar kein Denken im logisch-intentionalen Sinne ist, sondern geradezu dessen Verneinung, eine Art Tagträumerei – oder ein »pures Spiel«:

> »Es gibt einen angenehmen Zustand des Geistes, der gewöhnlich nicht so gepflegt wird, wie er es verdient hätte, was ich daraus schließe, daß er keinen eigenen Namen hat. Wenn man sich ihm maßvoll hingibt – sagen wir während etwa fünf oder sechs Prozent des Wachzustandes, vielleicht während eines Spaziergangs – erfrischt er schon mehr, als der Aufwand dafür ausmacht. Weil dieser Zustand keinen eigenen Zweck enthält außer dem, jede ernsthafte Zwecksetzung beiseite zu schieben, war ich manchmal fast geneigt, ihn – mit einigen Einschränkungen – Träumerei (*Reverie) zu nennen; doch für eine Geistesverfassung, die der Untätigkeit und Verträumtheit so sehr entgegengesetzt ist, wäre eine solche Kennzeichnung ganz unerträglich und unpassend. Genau genommen handelt es sich um pures Spiel. Nun wissen wir alle, spielen bedeutet die lebendige Übung der eigenen Kräfte. Pures Spiel kennt keine Regeln außer eben diesem Gesetz der Freiheit. Dieser besondere Zustand, den ich meine – eine petit bouchée mit den Universen der Erfahrung –, kann entweder die Form einer ästhetischen Kontemplation annehmen, oder die eines weit entfernten Luftschlosses (ob im fernen Spanien oder innerhalb der eigenen moralischen Erziehung …), oder die des Nachdenkens über ein Wunder in einem der Universen oder über einen Zusammenhang von zweien dieser drei Universen, verbunden mit einer Spekulation über dessen Ursache. Es ist diese letzte Art – ich werde sie im Ganzen genommen ›Versonnenheit‹ (*musement) nennen – die ich besonders empfehle« (Peirce, 1995, S. 332 f.).

Wir können das »Neglected argument« von Peirce erkenntnislogisch nutzen, z. B. um es mit Freud, Lacan oder auch Bion zur Frage nach dem das bewusste Denken transzendierenden Feld des Unbewussten weiter zu treiben. Diese Frage ist in der Psychoanalyse ja methodisch ganz analog zur Perspektive von Peirce gestellt worden: über gleichschwebende Aufmerksamkeit (Freud), pures Spiel (Winnicott) oder eben Versonnenheit/Rêverie (Bion).

Die träumerische Versonnenheit ermöglicht als spielerisches Denken auch spezifische Zugänge zu Bereichen des Denkens, die dem streng rationalen oder denotativen Denken vielleicht verschlossen sind. Dieser Typus des Denkens ist möglicherweise deshalb so zentral für einen semiotischen Ansatz des psychoanalytischen Erkenntnisprozesses, weil er nicht primär vom Selbstbewusstsein ausgeht bzw. primär nicht bewusstseinsfixiert erscheint, sondern auf einen anderen Bewusstseinszustand abzielt, den die Psychoanalyse mit ihrer Methode der freien Assoziation und der gleichschwebenden Aufmerksamkeit – einer Art Tagträumerei – als ihren Königsweg zur Auffassung des Unbewussten elaboriert hat. Der bedeutsame Beitrag von Peirce zur Epistemologie des Unbewussten könnte nun darin bestehen, dass seine Kategorie der Rêverie durchaus eine sprachanalytische und sprachpragmatische Dimension hat, da sie sich auf die Struktur und den Prozess, auf die Performanz der Zeichengebung bezieht, die der Dreidimensionalität von Symbolischem, Imaginärem und Realem als Ebenen des psychischen Apparats und der Sprache bei Lacan (Lacan, 1978, S. 59; vgl. Santaella, 1985) entspricht. Hierbei handelt es sich nämlich nicht nur um rein rationale, kognitive Bedeutungen. Wenn wir in der kleinianischen und bionianischen Psychoanalyse die Kategorie der projektiven Identifikation so zentral zum Verständnis von Interaktionsprozessen im psychoanalytischen Dialog heranziehen, so meinen wir damit doch gerade jene Ebene der Körperreaktionen und des Begehrens in Bezug auf die unbewussten Signalgebungen des jeweiligen Anderen, die einen indirekten Zugriff zu den Signalsystemen des autonomen Nervensystems und somit zu den körper-leibbezogenen Formen des Zeichenaustausches ermöglicht (Küchenhoff & Wiegerling, 2008; Küchenhoff, 2012; Küchenhoff & Agarwalla, 2013). Diese sind gleichwohl sinnhaft unterlegt, denn sie lassen sich ja übersetzen in sprachliche Verständigung. Sie vermögen uns zu tangieren, zu fördern, oft aber auch zu hemmen in unserem Verständnis der Interaktionssituation (s. Denkstörungen durch projektive Identifikation), aber wir können sie auch, indem wir sie analysieren und reflektieren, zurück in den verbalen Dialog übersetzen – eine klassisch hermeneutische Operation an und mit der Sprache, aber eben nicht allein mithilfe der verbalen Sprache, sondern über den durch sie vermittelten semiotischen Zeichenaustausch. Entsprechend der Zeichengebung des Bildhaften oder Imaginären nach Lacan findet sich bei Peirce ein Ähnlichkeitsbezug verschiedener Elemente der Wahrnehmung, der ebenfalls über seine Zeichenfunktion Anteil hat in der Generierung von Bedeutungen und somit sprachanalog, aber eben nicht verbalsprachlich strukturiert ist, wohl aber in verbale Sprache übersetzbar und darum deutbar, verstehbar und sprachpragmatisch bedeutsam ist: nicht nur »How to do things with words« (Austin, 1986; Searle, 1983) wäre hier die Frage, sondern »How to do things with indices, icons and symbols«.

Die Übersetzung dieses Zeichenaustausches durch Handlungen und projektive Identifizierungen in sprachlich vermittelte Interaktion, in den verbalen Dialog, in die semantischen Inhalte der Rede, durch Deutung bzw. Interpretation, ist nun das zentrale Merkmal des psychoanalytischen Behandlungsprozesses, aber er muss nicht unbedingt vom Analytiker ausgehen. Da es sich um einen wechselseitigen Prozess handelt, kann uns auch der Analysant aufklären über die unbewussten, körperbezogenen, imaginären und handlungsvermittelten Elemente der Assoziationen, die gerade im analytischen Raum stehen.

Zusammenfassung

Eine psychoanalytische Erkenntnistheorie, die diesen Namen verdient, baut auf den erkenntnislogischen Prinzipien der Wissenschaften auf, die sich mit den Möglichkeiten und Grenzen der Sprache befassen. Das sind neben der Philosophie der Sprache und den hermeneutischen Konzepten des Gesprächs die Linguistik und die Semiotik, sofern sie die nicht-sprachlichen Zeichensysteme und Repräsentationsformen berücksichtigt. Diese Wissenschaften erweisen sich als die wichtigen, aber auch als die unverzichtbaren Gesprächspartner einer Psychoanalyse als Wissenschaft, die sich über ihren eigenen Erkenntnisstatus aufklären will.

Aber es gibt keine Erkenntnistheorie, die sich gleichsam in die Psychoanalyse importieren und erschöpfend anwenden ließe. Die Besonderheit der psychoanalytischen Erfahrung rechtfertigt es, das psychoanalytische Verfahren als spezifischen Erkenntnisweg zu verstehen, der nicht nur empirisch neue Befunde zu erheben erlaubt und das Verständnis des Menschen von sich selbst inhaltlich erweitert, sondern der in der Selbsterkenntnis des Menschen neue Wege geht. Daher ist die Psychoanalyse auch Erkenntnistheorie, insofern eine Reflexion auf diese neuen Wege auch neue Methodologien generiert.

15 Zusammenfassung

Wo sind wir am Schluss unserer vorläufigen, nicht abschließenden Überlegungen zum Status der Psychoanalyse als Erkenntnistheorie angekommen? In aller Kürze wollen wir die Hauptgedanken des dritten und letzten Teils unseres Buches zusammenfassen.

Zunächst waren wir ausgegangen von einer psychoanalytischen Anthropologie. Psychoanalytisch lässt sich der Mensch nicht definieren durch seine positiven Merkmale und Errungenschaften. Vielmehr weist die Erfahrung des Unbewussten aus, der der Mensch für sich selbst unverfügbar ist. Damit ist er sich selbst ein Anderer, ein Fremder. Er muss sich also von der Seite her verstehen, dass er mit dem, was ihm mangelt, was ihm an nicht steuerbarem Leiden anhaftet, wo jenseits seiner eigenen Intentionen sich durchaus eigene Strebungen bemerkbar machen, umgehen muss.

Die psychoanalytische Anthropologie ist demnach durch zwei spezifische Merkmale gekennzeichnet. Sie ist zum einen eine Erkenntnisanthropologie, die die Leiblichkeit als Erkenntnisgrund und -mittel anerkennt und berücksichtigt. Sie ist zum anderen eine, die die Sprache und die Welt der Zeichen als konstitutiv für das Menschsein versteht. Beide Merkmale, die in ein dialektisches Spannungsfeld zueinander geraten können, ja müssen, machen den Menschen aus. Dabei aber unterlaufen die leiblichen und leiblich-interaktiven, also zwischenleiblichen Erfahrungsmomente von Anfang an und immer neu die Sprachkompetenz und schreiben in die Sprache immer auch einen Seinsmangel ein. Umgekehrt führt die Einführung der Sprache zu einer Entfremdung von der eigenen Leiblichkeit, die unwiderruflich ist. Aber die Erfahrungswirklichkeit der (zwischen-)leiblichen Erfahrung ist nicht eine zeichenfreie, auch wenn sie sich der bewussten Verfügung über das Wort und die verbale Sprache entzieht. So ist es notwendig, eine Semiotik als Zeichenlehre zu nutzen, die dem Appellcharakter, dem

Ausdrucksvermögen, die dem Aufschrei der Verletztheit und Traumatisierung gerecht zu werden vermag.

Es ist unschwer zu erkennen, dass die psychoanalytische Erkenntnistheorie, die auf den Grundlagen der skizzierten Anthropologie aufbaut, eine zu sein hat, die von der Negativität bestimmt ist. Das gilt in vielen Hinsichten. Als Negativität erscheint die Unbewusstheit, die sich nicht der rationalen Kontrolle unterwirft. Als Negativität erscheint die leibliche Unverfügbarkeit, die in der Psychoanalyse u. a. durch den leibseelischen Grenzbegriff des Triebs relevant ist. Als Negativität erscheinen die unverfügbaren Leidenszustände, die Traumatisierungen, das Lebensschicksal. Aber diese Negativität schreibt sich ein, und es ist Aufgabe einer negativen Semiotik, einer Semiotik der Negativität, sie beschreibbar, beredt werden zu lassen.

Nun aber ist harmonisierenden und vereinfachenden Missverständnissen entgegenzuwirken. Diese Negativität lässt sich nicht so erfassen, dass hier gleichsam eine verborgene zweite Welt existiert, die aber im Prinzip so wie die Welt der rationalen Symbolik und Sprache fassbar ist, die nur eben unzugänglicher ist. Nein, es braucht eine Erkenntnispraxis, die in ihrem Verfahren selbst, in ihrer Praxis der negativen Semiotik gerecht werden kann. Das genau aber leistet die psychoanalytische Praxis, weil sich mit ihr Möglichkeiten auftun, dem Negativen eine Ausdrucksform zu lassen, mit negativen Erfahrungen zu rechnen, und zwar nicht an einem anderen Ort, sondern genau an dem Ort, der zunächst privilegierter Ort der bewussten Erfahrung zu sein scheint, am Ort des Sprechens und der Sprache. Denn das Negative wäre nicht negativ, wenn es an anderem Ort einen eigenen Erfahrungsraum für sich beanspruchen könnte, der schon wieder als Positivität auftreten würde. Nur im Sprechen selbst, in den Zeichen, die zu formulieren Menschen in der Analyse fähig sind, enthüllt sich das, was nicht gesagt, was nicht gelebt, was nicht empfunden werden konnte, und entfaltet von dort seinen Sinn. Daher wird es keine Methodologie geben können, die diese Dialektik nicht berücksichtigt; daher lässt sich die psychoanalytische Erkenntnislehre nicht anders als durch eine dialektische Methodologie charakterisieren.

Als konstitutive Momente einer Praxis, die es vermag, zwischen den Zeilen zu hören, haben wir die Rêverie, das träumerische Ahnungsvermögen des Analytikers oder der Analytikerin beschrieben. Dem ungezielten und dennoch so aufmerksamen Hinhören auf die Sprache, dem

15 Zusammenfassung

Hinspüren auf die gemeinsam erstellte Inszenierung, dem Sich-Eingeben in die geteilte Erfahrungswelt von Übertragung und Gegenübertragung kann es, in den Momenten, in denen das analytische Verfahren glückt, möglich werden, die Mitteilungen, die Prosodie der wie immer sich artikulierenden Zeichenwelt teilnehmend zu vernehmen, um sie sogleich auch immer neu wieder zu verlieren. Daher ist die Psychoanalyse eine Semanalyse, eine Analyse der Zeichen, denen sie aber als negativen Artikulationsformen immer gerecht werden muss.

Billiger, leichter, unmittelbarer, schmerzloser ist die Erkenntnis, die die Psychoanalyse uns gewährt, nicht zu haben. Darüber mag man verzweifeln, darüber mag das Verfahren selbst verurteilt werden – es ändert nichts daran. Niemand, am allerwenigsten Sigmund Freud selbst, hat behauptet, dass die Psychoanalyse Glück und Segen bringe. Aber sie bringt Erkenntnis in einem Erfahrungsbereich, der anders nicht zu haben ist und anders in seiner Negativität niemals einen Sinn machen könnte.

Literatur zur vertiefenden Lektüre

Angehrn, E. & Küchenhoff, J. (2014). *Die Arbeit des Negativen. Ansätze negativistischen Denkens in Philosophie und Psychoanalyse.* Weilerswist: Velbrück Wissenschaft.
Botella,, C. & Botella, S. (2005). *The Work of Psychic Figurability. Mental States without Representation.* London, New York: Routledge.
Green, A. (1993). *Le Travail du Négatif.* Paris: Les Éditions de Minuit.
Kristeva, J. (1996–2005). *Pouvoirs et limitees de la Psychanalyse, Tom I-III.* Paris: Fayard.

Fragen zum weiteren Nachdenken

- Lässt sich die psychoanalytische Erfahrung ausschließlich über eine dialektische Methodologie konzeptualisieren oder sind auch andere Konzeptualisierungen denkbar?
- Sind die wissenschaftlichen Dispositive der negativen Anthropologie, der negativen Hermeneutik und der negativen Semiotik hinreichend für die dialektische Methodologie der Psychoanalyse?
- Sind die theoretischen (sprachpragmatistischen) und klinisch-praktischen (neokleinianischen) Konzepte der Interpretation des psychoanalytischen Prozesse hinreichend kompatibel?

Literatur

Adorno, T. W. (1966). *Negative Dialektik*. Frankfurt a. M.: Suhrkamp.
Angehrn, E. (2004). *Interpretation und Dekonstruktion. Untersuchungen zur Hermeneutik*. Weilerswist: Velbrück Wissenschaft.
Angehrn, E. (2010b). *Sinn und Nicht-Sinn: Das Verstehen des Menschen*. Tübingen: Mohr Siebeck.
Angehrn, E. & Küchenhoff, J. (2012). *Macht und Ohnmacht der Sprache. Philsopohische und psychoanalytische Perspektiven*. Weilerswist: Velbrück Wissenschaft.
Angehrn, E. & Küchenhoff, J. (2013). *Die Arbeit des Negativen. Ansätze negativistischen Denkens in Philosophie und Psychoanalyse*. Weilerswist: Velbrück Wissenschaft.
Anscombe, G. E. M. (1986). *Absicht*. Freiburg, München: Karl Alber.
Apel, K. O. (1955). Das Verstehen (eine Problemgeschichte als Begriffsgeschichte). *Archiv für Begriffsgeschichte, 1*, 142–199.
Apel, K. O. (1963/1985). Das Leibapriori der Erkenntnis. Eine erkenntnisanthropologische Betrachtung im Anschluß an Leibnizens Monadenlehre. In H. Petzold (Hrsg.), *Leiblichkeit. Philosophische, gesellschaftliche und therapeutische Perspektiven* (S. 47–70). Paderborn: Junfermann.
Apel, K. O. (1973). *Transformation der Philosophie* (Bd. I Sprachanalytik Semiotik Hermeneutik, II Das Apriori der Kommunikationsgemeinschaft). Frankfurt a. M.: Suhrkamp.
Apel, K. O. (1979). *Die Erklären-Verstehen -Kontroverse in transzendentalpraagmatischer Sicht*. Frankfurt a. M.: Suhrkamp.
Apel, K. O., Manninen, J. & Tuomela, R. (Hrsg.). (1978). *Neue Versuche über Erklären und Verstehen*. Frankfurt a. M.: Suhrkamp.
Aristoteles (1991). *Ethica Nicomachea*: Oxford University Press.
Aristoteles (dt. 1979). *Physikvorlesung* (Bd. 11). Berlin: Akademie-Verlag.
Austin, J. L. (1986). *Zur Theorie der Sprechakte (How to do things with words)* Stuttgart: Reclam, Philipp, jun. GmbH, Verlag
Barthes, R. (1984/2005). *Das Rauschen der Sprache*. Frankfurt a. M.: Suhrkamp.
Barthes, R. (1990). Theory of the Text. In R. Young (Hrsg.), *Untying the Text. A Poststructuralist Anthology* (S. 31–47). London, New York: Routledge.

Bernet, R. (1996). The Other in myself. In: S. Critchley and P. Dews (Hrsg.), *Deconstructive Subjectivities* (S. 169–184). New York: State University of New York Press.

Bion, W. R. (1959/1990). Angriffe auf Verbindungen. In E. Bott-Spilius (Hrsg.), *Melanie Klein heute. Entwicklungen in Theorie und Praxis* (Bd. Band I. Beiträge zur Theorie, S. 110–129). Stuttgart: Verlag Internationale Psychoanalyse.

Bion, W. R. (1962/1963). Eine Theorie des Denkens. *Psyche – Z Psychoanal, 17*, 236–287.

Bion, W. R. (1970). *Attention and Interpretation*. London: Karnac.

Bion, W. R. (1970/2006). *Aufmerksamkeit und Deutung*. Tübingen: edition discord.

Bion, W. R. (1992). *Cogitations*. London: Karnac.

Bohleber, W., Fonagy, P., Jiménez, J. P., Scarfone, D., Varvin, S. & Zysman, S. (2013). Umgang mit psychoanalytischen Konzepten, exemplifiziert am Begriff des »Enactments«. *Psyche – Z Psychoanal, 67* (12), 1212–1250.

Böhme, G. (1995). *Atmosphäre*. Frankfurt a. M.: Suhrkamp.

Botella, C. & Botella, S. (2004). *The Work of Psychic Figurability. Mental States without Representations*. Hove, New York: Brunner-Routledge.

Brede, K. H. (2004). *Nein, Verneinung, Konstruktion. Französisch-deutsche Verknüpfungen in der Psychoanalyse*. Tübingen: edition discord.

Buchholz, M. & Gödde, G. (2012). *Der Besen, mit dem die Hexe fliegt. Wissenschaft und Therapeutik des Unbewußten*. Gießen: Psychosozial-Verlag.

Canestri, J. (Hrsg.). (2006). *Psychoanalysis. From Practice to Theory*. Chichester: Whurr Publishers Ltd.

Canestri, J. (Hrsg.). (2012). *Putting Theory to Work: How Are Theories Actually Used in Practice*. London: Karnac.

Cassirer, E. (1944). *Versuch über den Menschen*. Hamburg: Meiner 1996.

Dahl, H., Kächele, H. & Thomä, H. (Hrsg.). (1988). *Psychoanalytic Process Research Studies*. Berlin Heidelberg New York London Paris Tokyo: Springer.

Dahmer, H. (1973). *Libido und Gesellschaft*. Frankfurt a. M.: Suhrkamp.

Dancy, J. & Sosa, E. (Hrsg.). (2010). *A Companion to Epistemology*. Oxford Blackwell Publishers Ltd.

Deacon, T. W. (1997). *The Symbolic Species. The Co-evolution of Language and the Brain*. New York, London: W.W. Norton & Company.

Derrida, J. (1967/1985). *Die Schrift und die Differenz*. Frankfurt a. M.: Suhrkamp.

Descombes, V. (1979/1981). *Das Selbe und das Andere. Fünfundvierzig Jahre Philosophie in Frankreich 1933–1978*. Frankfurt a. M.: Suhrkamp.

Detel, W. (2011). *Geist und Verstehen. Historische Grundlagen einer modernen Hermeneutik* (Bd. 104). Frankfurt a. M.: Vittorio Klostermann.

Dilthey, W. (1894/1957). *Ideen über eine beschreibende und zergliedernde Psychologie* (Bd. 5). Stuttgart: G.B. Teubner.

Dreher, A. U. (1998). *Empirie ohne Konzept? Einführung in die psychoanalytische Konzeptforschung*. Stuttgart: Verlag Internationale Psychoanalyse.

Dreher, A. U. (2005). Conceptual Research. In E. S. Person, A. M. Cooper & G. O. Gabbard (Hrsg.), *Textbook of Psychoanalysis* (S. 361–372). Wahington, London: American Psychiatric Association Publishing.

Faimberg, H. (2005). *The Telescoping of Generations (The New Library of Psychoanalysis)*. London: Brunner-Routledge.

Fonagy, P. (2006). The failure of practice to inform theory and the role of implicit theory in bridging the transmission gap. In J. Canestri (Hrsg.), *Psychoanalysis. From Practice to Theory* (S. 69–86). Chichester: Whurr Publishers Ltd.

Foucault, M. (1966/1974). *Die Ordnung der Dinge.* Frankfurt a. M.: Suhrkamp.

Frank, C. & Weiß, H. (2013). *Projektive Identifizierung: Ein Schlüsselkonzept der psychoanalytischen Therapie* Stuttgart: Klett-Cotta.

Freud, S. (1905). Bruchstück einer Hysterie-Analyse. Der Fall Dora. In S. Freud (Hrsg.), *Gesammelte Werke. Werke aus den Jahren 1904–1905* (Bd. V, S. 161–286). ohne Angabe.

Freud, S. (1912). Ratschläge für den Arzt bei der psychoanalytischen Behandlung. In S. Freud (Hrsg.), *GW* (Bd. VIII, S. 375–387). London: Imago Publishing.

Freud, S. (1913). Das Interesse an der Psychoanalyse. In S. Freud (Hrsg.), *Gesammelte Werke* (Bd. VIII, S. 389–420). Frankfurt a. M.: S. Fischer.

Freud, S. (1917). *Vorlesungen zur Einführung in die Psychoanalyse* (Bd. XI). London: Imago Publishing.

Freud, S. (1919/1974). *Wege der psychoanalytischen Therapie* (Bd. Ergänzungsband: Schriften zur Behandlungstechnik). Frankfurt a. M.: S. Fischer.

Freud, S. (1920). Jenseits des Lustprinzips. In *Gesammelte Werke* (Bd. XIII, S. 1–69). London: Imago Publishing.

Freud, S. (1923). »Psychoanalyse« und »Libidotheorie«. In *Gesammelte Werke XIII* (Bd. XIII, S. 211–233).

Freud, S. (1925). Die Verneinung. In S. Freud (Hrsg.), *Gesammelte Werke* (Bd. XIV, S. 9–16). Frankfurt a. M.: S. Fischer.

Freud, S. (1927). Zur Frage der Laienanalyse. In S. Freud (Hrsg.), *Gesammelte Werke* (Bd. XIV, S. 209–296). Frankfurt a. M.: S. Fischer.

Freud, S. (1937). Die endliche und die unendliche Analyse. In S. Freud (Hrsg.), *Gesammelte Werke* (Bd. XVI, S. 59–99). Frankfurt a. M.: S. Fischer.

Freud, S. (1940). Some Elementary Lessons on Psycho-Analysis. In S. Freud (Hrsg.), *Gesammelte Werke* (Bd. XVII, S. 139–147). Frankfurt a. M.: S. Fischer.

Freud, S. (1941). Abriß der Psychoanalyse In S. Freud (Hrsg.), *Gesammelte Werke* (Bd. XVII, S. 63–138). Frankfurt a. M.: S. Fischer.

Freud, S. & Breuer, J. (1895/1970). Studien über Hysterie. In S. Freud (Hrsg.), *Gesammelte Werke* (Bd. I, S. 75–312). Frankfurt a. M.: S. Fischer.

Freud, S. & Ferenczi, S. (1996). *Briefwechsel.* Wien/Köln/Weimar.

Gabbard, G. O., Miller, L. A. & Martinez, M. (2006). Eine neurobiologische Sichtweise des Mentalisierens und der inneren Objektbeziehungen bei traumatisierten Patienten mit Borderline-Persönlichkeitsstörung. In J. G. Allen & P. Fonagy (Hrsg.), *Mentalisierungsgestützte Therapie* (S. 181–204). Stuttgart: Klett-Cotta.

Gadamer, H.-G. (1972, 3. Auflage). *Wahrheit und Methode. Grundzüge einer philosophischen Hermeneutik.* Tübingen: Mohr.
Gamm, G. (2000). *Nicht nichts. Studien zu einer Semantik des Unbestimmten.* Frankfurt a. M.: Suhrkamp.
Gast, L. (2006). Ein gewisses Mass von Unbestimmtheit. Anmerkungen zum freudschen Erkenntnisprozess. In Löchel, E., Härtel, I. (Hrsg.), *Verwicklungen. Psychoanalyse und Wissenschaft* (S. 12–29). Göttingen: Vandenhoeck & Ruprecht Göttingen.
Giesecke, M. (2007). *Die Entdeckung der kommunikativen Welt.* Frankfurt a. M.: Suhrkamp.
Gill, M. (1996). *Psychoanalyse im Übergang.* Stuttgart: Verlag Internationale Psychoanalyse.
Gondek, H.-D. (2001). Subjekt, Sprache und Erkenntnis. Philosophische Zugänge zur Lacanschen Psychoanalyse. In H.-D. Gondek, R. Hofmann & H.-M. Lohmann (Hrsg.), *Jacques Lacan – Wege zu seinem Werk* (S. 130–163). Stuttgart: Klett Cotta.
Green, A. (1993). *Le Travail du Négatif.* Paris: Les Éditions de Minuit.
Green, A. (2004). *Die tote Mutter. Psychoanalytische Studien zu Lebensnarzißmus und Todesnarzissmus.* Gießen: Psychosozial-Verlag.
Green, A. (2005). *Key Ideas for a Contemporary Psychoanalysis: Misrecognition and Recognition of the Unconscious.* London, New York: Routledge.
Group, T. B. C. P. S. (2013). Enactment and the Emergence of new Relational Organization. *J. Am. Psychoanal. Ass, 61* (4), 727–749.
Grünbaum, A. (1984/1988). *Die Grundlagen der Psychoanalyse. Eine philosophische Kritik* (Bd. 9). Stuttgart: Reclam.
Grünbaum, A. (Hrsg.). (1991). *Kritische Betrachtungen zur Psychoanalyse. Adolf Grünbaums »Grundlagen« in der Diskussion.* Berlin/Heidelberg/New York: Springer.
Habermas, J. (1968). *Technik und Wissenschaft als Ideologie.* Frankfurt a. M.: Suhrkamp.
Habermas, J. (1968/1973). *Erkenntnis und Interesse* (2. Aufl.). Frankfurt a. M.: Suhrkamp.
Habermas, J. (1970). *Zur Logik der Sozialwissenschaften. Materialien.* Frankfurt a. M.: Suhrkamp.
Habermas, J. (1971). Der Universalitätsanspruch der Hermeneutik. In K. O. Apel, C. v. Bormann, R. Bubner, H. J. Giegel & J. Habermas (Hrsg.), *Hermeneutik und Ideologiekritik* (S. 120–159). Frankfurt a. M.: Suhrkamp.
Habermas, J. (1981). *Theorie des Kommunikativen Handelns (2 Bd.).* Frankfurt a. M.: Suhrkamp.
Hartmann, N. (1966). *Teleologisches Denken* Berlin: de Gruyter.
Hausmann. (1991). *Erklären und Verstehen. Zur Theorie und Pragmatik der Geschichtswissenschaften.* Frankfurt a. M.: Suhrkamp.
Hegel, G. W. F. (1807/1970). *Phänomenologie des Geistes.* Frankfurt a. M.: Suhrkamp.
Heidegger, M. (1992). *Platon: Sophistes.* Frankfurt a. M.: Klostermann.

Literatur

Heim, R. (1993). *Die Rationalität der Psychoanalyse*. Frankfurt a. M./Basel: Stroemfeld/Nexus

Hell, D. (2009). Das Gehirn ist kein Agent. Zur Naturalisierung der Subjektivität. In E. Angehrn & J. Küchenhoff (Hrsg.), *Die Vermessung der Seele. Konzepte des Selbst in Philosophie und Psychoanalyse* (S. 115–125). Weilerswist: Velbrück Wissenschaft.

Henningsen, P. (2009). Vom Nutzen der Neurobiologie für die Erforschung der Seele. In E. Angehrn & J. Küchenhoff (Hrsg.), *Die Vermessung der Seele. Konzepte des Selbst in Philosophie und Psychoanalyse* (S. 129–139). Weilerswist: Velbrück Wissenschaft.

Herder, J. G. (1827/1982). Über den Ursprung der Sprache. In J. G. Herder (Hrsg.), *Herders Werke* (Bd. 2, S. 89–200). Berlin, Weimar: Aufbau-Verlag.

Hinshelwood, R. D. (1989/1993). *Wörterbuch der kleinianischen Psychoanalyse* Stuttgart: Verlag Internationale Psychoanalyse.

Hinz, H. (1991). Gleichschwebende Aufmerksamkeit und die Logik der Abduktion. *Jahrbuch der Psychoanalyse, 27*, 146–175.

Iser, W. (1991). *Das Fiktive und das Imaginäre. Perspektiven einer literarischen Anthropologie*. Frankfurt a. M.: Suhrkamp.

Israel, L. (1983). *Die unerhörte Botschaft der Hysterie*. München: Ernst Reinhardt.

Jaspers, K. (1919/1946). *Allgemeine Psychopathologie* (4.Aufl.). Berlin: Springer.

Kächele, H. (1981). Zur Bedeutung der Krankengeschichte in der klinisch-psychoanalytischen Forschung. *Jahrbuch der Psychoanalyse, 12*, 118–178.

Kächele, H. (1992). Psychoanalytische Therapieforschung. *Psyche – Z Psychoanal 46*, 259–285.

Kächele, H. (1993). Der lange Weg von der Novelle zur Einzelfallanalyse. In U. Stuhr & F.-W. Deneke (Hrsg.), *Die Fallgeschichte* (Bd. Heidelberg, S. 32–42). Heidelberg: Asanger.

Kächele, H., Albani, C., Buchheim, A., Grünzig, H.-J., Hölzer, M., Hohage, R.et al. (2006). Psychoanalytische Einzelfallforschung: Ein deutscher Musterfall Amalie X. *Psyche – Z Psychoanal, 60* (05), 387–425.

Kächele, H. & Pfäfflin, F. (Hrsg.). (2009). *Behandlungsberichte und Therapiegeschichten. Wie Therapeuten und Patienten über Psychotherapie schreiben*. Gießen: Psychosozial-Verlag.

Kächele, H., Schaumburg, C. & Thomä, H. (1973). Verbatimprotokolle als Mittel in der psychotherapeutischen Verlaufsforschung. *Psyche – Z Psychoanal, 27* (10), 902–927.

Kamper, D. (1973). *Geschichte und menschliche Natur. Die Tragweite gegenwärtiger Anthropologiekritik*. München: Carl Hanser.

Kant, I. (1781/1983). Kritik der reinen Vernunft. In Wilhelm Weischedel (Hrsg.). Immanuel Kant. Werke in zehn Bänden (Bd. 3,4). Darmstadt: Wissenschaftliche Buchgesellschaft.

Kant, I. (1786, 1983). Metaphysische Anfangsgründe der Naturwissenschaft. In Wilhelm Weischedel (Hrsg.), Immanuel Kant. Werke in zehn Bänden (Bd. 8, S. 7–135). Darmstadt: Wissenschaftliche Buchgesellschaft.

Kant, I. (1788/1983). *Kritik der praktischen Vernunft*. In Wilhelm Weischedel (Hrsg.). Immanuel Kant. Werke in zehn Bänden (Bd. 6, S. 105–302). Darmstadt: Wissenschaftliche Buchgesellschaft.

Kant, I. (1790/1983). Kritik der Urteilskraft. In Wilhelm Weischedel (Hrsg.), *Immanuel Kant. Werke in zehn Bänden* (Bd. 8, S. 237–620). Darmstadt: Wissenschaftliche Buchgesellschaft.

Kettner M. (1998). Zur Semiotik der Detutungsarbeit. Wie sich Freud mit Peirce gegen Grünbaum verteidigen läßt. *Psyche – Z Psychoanal, 52* (07), 619–647.

Kettner M. (2012). Homo abducens. Welches Menschenbild paßt zur psychoanalytischen Psychologie? In G. Gödde & M. Buchholz (Hrsg.), *Der Besen, mit dem die Hexe fliegt* (Bd. 2, S. 129–156). Gießen: Psychosozial-Verlag.

Kimmerle, G. (Hrsg.). (1998). *Zur Theorie der psychoanalytischen Fallgeschichte*. Tübingen: edition discord.

Körner, J. (1985). *Vom Erklären zum Verstehen in der Psychoanalyse. Untersuchungen zur psychoanalytischen Methode*. Göttingen: Vandenhoeck & Ruprecht.

Kristeva, J. (1969). *Semiotiké. Recherches pour une sémanalyse*. Paris: Éditions du Seuils.

Kristeva, J. (1974/1978). *Die Revolution der poetischen Sprache* (Teilübersetzung, Trans.). Frankfurt a. M.: Suhrkamp.

Kristeva, J. (1980). *Pouvoir de l'horreur. Essai sur l'abjection*. Paris: Éditions du Seuil.

Kristeva, J. (1996). *Sens et Non-Sens de la Révolte. Pouvoirs et limites de la Psychanalyse*. Paris: Fayard.

Kristeva, J. (1997). *La révolte intime. Pouvoirs et limites de la psychanalyse II*. Paris: Fayard.

Kristeva, J. (2000). From Symbols to Flesh: The Polymorphous Destiny of Narration. *Int. J. Psycho-Anal., 81*, 771–787.

Kristeva, J. (2005). *La haine et le pardon. Pouvoirs et limites de la psychanalyse III*. Paris: Fayard.

Kristeva, J. (2007). *Schwarze Sonne. Depression und Melancholie*. Frankfurt a. M.: Brandes & Apsel.

Kristeva, J. (2008). *Das weibliche Genie Melanie Klein: Das Leben, der Wahn, die Wörter*. Gießen: Psychosozial-Verlag.

Küchenhoff, J. (2002). In Strukturen denken. Strukturkonzepte in Philosophie, Psychiatrie und Psychoanalyse und ihre praktischen Auswirkungen. In G. Rudolf, Grande G & H. P (Hrsg.), *Die Struktur der Persönlichkeit* (S. 68–80). Stuttgart: Schattauer.

Küchenhoff, J. (2005a). Das Objekt, die Trennung und die Anerkennung des Anderen – Ziele psychoanalytischer Therapie. *Imagination, 27*, 5–21.

Küchenhoff, J. (2005b). *Die Achtung vor dem Anderen*. Weilerswist: Velbrück Wissenschaft.

Küchenhoff, J. (2005c). Trauma, Konflikt, Repräsentation. In *Die Achtung vor dem Anderen* (S. 309–327). Velbrück: Suhrkamp.

Küchenhoff, J. (2012, 2. Auflage). *Körper und Sprache*. Gießen: Psychosozial Verlag.

Küchenhoff, J. (2013). *Der Sinn im Nein und die Gabe des Gesprächs. Psychoanalytisches Verstehen zwischen Philosophie und Klinik*. Weilerswist: Velbrück Wissenschaft.
Küchenhoff, J. (2013a). Mitspieler und Kritiker. Die kritische Hermeneutik des psychotherapeutischen Gesprächs. In *Der Sinn im Nein und die Gabe des Gesprächs. Psychoanalytisches Verstehen zwischen Philosophie und Klinik* (S. 51–67). Weilerswist: Velbrück Wissenschaft.
Küchenhoff, J. (2013b). Über das Verstehen-wollen. In *Der Sinn im Nein und die Gabe des Gesprächs. Psychoanalytisches Verstehen zwischen Philosophie und Klinik* (S. 157–170). Weilerswist: Velbrück Wissenschaft.
Küchenhoff, J. (2014). Zu den Voraussetzungen und Grenzen produktiver Negativität – eine psychoanalytische Perspektive. In E. Angehrn & J. Küchenhoff (Hrsg.), *Die Arbeit des Negativen* (S. 192–212). Weilerswist (im Druck): Velbrück Wissenschaft.
Küchenhoff, J. & Agarwalla, P. (2013). *Körperbild und Persönlichkeit*. Berlin Heidelberg: Springer.
Küchenhoff, J. & Wiegerling, K. (2008). *Leib und Körper: Philosophie und Psychologie im Dialog* Göttingen: Vandenhoeck & Ruprecht.
Lacan, J. (1953/1986). Funktion und Feld des Sprechens und der Sprache. In J. Lacan (Hrsg.), *Schriften* (Bd. 1, S. 71–170). Frankfurt a. M.: Suhrkamp.
Lacan, J. (1953–54). *Das Seminar Buch 1: Freuds technische Schriften*. Olten 1978: Walter.
Lacan, J. (1953/1986). Funktion und Feld des Sprechens und der Sprache. In J. Lacan (Hrsg.), *Schriften* (Bd. 1, S. 71–170). Frankfurt a. M.: Suhrkamp.
Lacan, J. (1966/1975/1978). *Schriften*. Olten: Walter.
Lacan, J. (1978). *Die vier Grundbegriffe der Psychoanalyse*. Olten: Walter.
Lacan, J. (1978/1980). *Das Ich in der Theorie Freud und in der Technik der Psychoanalyse. Das Seminar Buch II*. Olten: Walter.
Lacan, J. (1994/2003). *Le Seminaire 4/Die Objektbeziehung* (Bd. 4). Wien: Turia + Kant.
Laimböck, A. (2013). Szenisches Verstehen, Unbewußtes und frühe Störungen. *Psyche – Z Psychoanal*, 67 (9/10), 881–902.
Lang, H. (1973). *Die Sprache und das Unbewusste*. Frankfurt a. M.: Suhrkamp.
Lang, H. (2011). *Die strukturale Triade und die Entstehung früher Störungen* Stuttgart: Klett-Cotta.
Langlitz, N. (2005). *Die Zeit der Psychoanalyse. Lacan und das Problem der Sitzungsdauer*. Frankfurt a. M.: Suhrcamp.
Laplanche, J. (1988). *Die allgemeine Verführungstheorie* (edition diskord). Tübingen.
Leuzinger-Bohleber, M. (1995). Die Einzelfallstudie als psychoanalytisches Forschungsinstrument. *Psyche – Z Psychoanal*, 49 (5), 434–480.
Leuzinger-Bohleber, M. (2000). Psychoanalyse – Erfahrungswissenschaft des Unbewußten. In M. Hampe & M.-S. Lotter (Hrsg.), *»Die Erfahrungen, die wir machen, sprechen gegen die Erfahrungen, die wir haben«. Über Formen*

der Erfahrung in den Wissenschaften (S. 145–167). Berlin: Duncker & Humblot.

Leuzinger-Bohleber, M. (2010). Depression und Neuroplastizität. Psychoanalytische Kllinik und Forschung. Eine Einführung. In M. Leuzinger-Bohleber, K. Röckerath & L. V. Strauss (Hrsg.), *Depression und Neuroplastizität. Psychoanalytische Klinik und Forschung*. Frankfurt a. M.: Brandes & Apsel.

Leuzinger-Bohleber, M., Rüger, B., Stuhr, U. & Beutel, M. (Hrsg.). (2002). *»Forschen« und »Heilen« in der Psychoanalyse*. Stuttgart: Kohlhammer.

Leutzinger-Bohleber, M., Emde, R. N. & Pfeifer, R. (Hrsg.). (2013). *Embodiment. Ein innovatives Konzept für Entwicklungsforschung und Psychoanalyse*. Göttingen: Vandenhoeck & Ruprecht.

Lévi-Strauss, C. (1962/1968). *Das wilde Denken*. Frankfurt a. M.: Suhrkamp.

Lévinas, E. (1983). *Die Spur des Anderen*. Freiburg/München: Alber.

Lichtenberg, J. D. (1982). Reflections on the first Year of Life. *Psychoanal Inq, 1*, 695–729.

Loch, W. (1993). *Deutungs-Kunst. Dekonstruktion und Neuanfang im psychoanalytischen Prozeß*. Tübingen: edition discord.

Löchel, E. & Härtel, I. (Hrsg.). (2006). *Verwicklungen. Psychoanalyse und Wissenschaft*. Göttingen: Vandenhoeck & Ruprecht.

Lorenzer, A. (1974). *Die Wahrheit der psychoanalytischen Erkenntnis*. Frankfurt a. M.: Suhrkamp.

Lorenzer, A. (2006). *Szenisches Verstehen – Zur Erkenntnis des Unbewußten*. Marburg: Tectum-Verlag

Mentzos, S. (1973). Psychoanalyse – Hermeneutik oder Erfahrungswissenschaft? *Psyche – Z Psychoanal, 27* (9), 832–849.

Merleau-Ponty, M. (1986). *Das Sichtbare und das Unsichtbare*. München: Fink.

Mertens, W. (1990). *Einführung in die psychoanalytische Therapie*. München: Kohlhammer.

Mertens, W. (1994). *Psychoanalyse auf dem Prüfstand? Eine Erwiderung auf die Meta-Analyse von Klaus Grawe*. München: Quintessenz.

Mertens, W. (2005). *Psychoanalyse. Grundlagen, Behandlungstechnik und Anwendungen*. Stuttgart: Kohlhammer.

Mertens, W. (2010). Zur Konzeption des Unbewussten – Einige Überlegungen zu einer interdisziplinären Theoriebildung zum Unbewussten In M. Kettner & W. Mertens (Hrsg.), *Reflexionen über das Unbewusste* (S. 7–76). Göttingen: Vandenhoeck & Ruprecht.

Meyer, A.-E. (1993). Nieder mit der Novelle als Psychoanalysedarstellung – Hoch lebe die Interaktionsgeschichte. In U. Stuhr & F.-W. Deneke (Hrsg.), *Die Fallgeschichte* (S. 61–84). Heidelberg: Asanger.

Mittelstraß, J. (Hrsg.). (1995). *Enzyklopädie Philosophie und Wissenschaftstheorie*. Stuttgart, Weimar: J.B. Metzler.

Mittelstraß, J. (Hrsg.). (2004). *Enzyklopädie. Philosophie und Wissenschaftstheorie*. Stuttgart, Weimar: J.B. Metzler.

Modell, A. (1978). The Nature of Psychoanalytic Knowledge. *Journal of the American Psychoanalytic Association 26*, 641–658.

Modell, A. (1984). Gibt es die Metapsychologie noch? *Psyche – Z Psychoanal, 35* (9), 788–808.
Moser, U. (1991). Vom Umgang mit Labyrinthen. Praxis und Forschung in der Psychoanalyse – eine Bilanz. *Psyche – Z Psychoanal, 45*, 315–334.
Naatz, T. (1997). *Psychoanalyse und wissenschaftliche Erkenntnis.* München: Reinhardt.
Neurath, O. (1931). *Empirische Soziologie. Der wissenschaftliche Gehalt der Geschichte und Nationalökonomie* (Bd. 5). Wien: Julius Springer.
Nissen, Gerd (2009): Zur Bestimmung der Möglichkeit klinisch-psychoanalytischer Forschung. Ein Beitrag zur Forschungsdiskussion. *Psyche – Z Psychoanal, 63*, 367–383
Nöth, W. (2000). *Handbuch der Semiotik.* Stuttgart, Weimar: J.B. Metzler.
Ogden, T., H. (2008). Träumerisches Sprechen. In G. Junkers (Hrsg.), *Vorstoß ins Sprachlose. Ausgewählte Beiträge aus dem International Journal of Psychoanalysis* (Bd. 3, S. 198–218). Tübingen: edition discord.
Ogden, T. H. (1997). *Reverie and Interpretation. Sensing Something Human.* London: Karnac.
Parsons, M. (2008). Vorstoß ins Sprachlose: Das innere analytische Setting und das Zuhören jenseits der Gegenübertragung. In G. Junkers (Hrsg.), *Vorstoß ins Sprachlose. Ausgewählte Beiträge aus dem International Journal of Psychoanalysis* (Bd. 3, S. 68–91). Tübingen: edition discord.
Peirce, C. S. (1991). *Vorlesungen über den Pragmatismus.* Hamburg: Felix Meiner.
Peirce, C. S. (1995). *Religionsphilosophische Schriften.* Hamburg: Felix Meiner.
Perrez, M. (1971). *Ist die Psychoanalyse eine Wissenschaft?* Bern: Huber.
Platon (1978). Theaitetos. In: Platon & Schleiermacher (übers.) (Hrsg.), *Sämtliche Werke* (Bd. 4, S. 103–181). Reinbek: Rowohlts Klassiker.
Plessner, H. (1928/1981). *Die Stufen des Organischen und der Mensch: Einleitung in die philosophische Anthropologie.* Frankfurt a. M.: Suhrkamp.
Plessner, H. (1970). *Philosophische Anthropologie.* Frankfurt a. M.: S. Fischer.
Popper, K. R. (1957/1965). *The Poverty of Historicism, dt. Das Elend des Historizismus.* Tübingen: Mohr.
Radnitzky, G. (1970, 2. ed.). *Contemporary Schools of Metascience.* Chicago: Henry Regnery Company.
Reik, T. (1948/1976). *Hören mit dem dritten Ohr.* Frankfurt a. M.: Fischer TB.
Ricoeur, P. (1990). *Soi-même comme un autre.* Paris: Édition du seuil.
Ricoeur, P. (2000/2004). *Gedächtnis, Geschichte, Vergessen.* München: Wilhelm Fink.
Ricoeur, P. (2006). *Wege der Anerkennung.* Frankfurt a. M.: Suhrkamp.
Riedel, M. (1978). *Verstehen oder Erklären?* Stuttgart: Klett-Cotta.
Riedel, M. (1994). *Hören auf die Sprache. Die akroamatische Dimension der Hermeneutik.* Frankfurt a. M.: Suhrkamp.
Rorty, R. (1988). *Ojektivität oder Solidarität?* Leipzig: Reclam.
Santaella, L. (1985). A tres categorias peircianas e os tres registros lacanianas *Caderno das qunitas jornadas de psycanálise (Biblioteca Freudiana Brasileira)*, 89–99.
Schapp, W. (2004). *In Geschichten verstrickt.* Frankfurt a. M.: Klostermann.

Scheler, M. (1927). *Der Formalismus in der Ethik und die materiale Wertethik.* Halle: Niemeyer.
Schmitz, B. (1998). *Arbeit an den Grenzen der Sprache. Julia Kristeva.* Königstein i.Taunus: Ulrike Helmer Verlag.
Schönherr-Mann, H.-M. (2001). *Das Mosaik des Verstehens. Skizzen zu einer negativen Hermeneutik.* München: Edition fatal.
Schülein, J. A. (1999). *Die Logik der Psychoanalyse. Eine erkenntnistheoretische Studie.* Gießen: Psychosozial-Verlag.
Schülein, J. A. (2012a). »Ewige Jugend« – Warum psychoanalytische Theorie die Probleme hat, die sie hat. *Psyche – Z Psychoanal,* 66 (07), 606–637.
Schülein, J. A. (2012b). Warum es Psychoanalyse in der Wissensordnung nicht leicht hat. Erkenntnis- und institutionstheoretische Überlegungen. In G. Gödde & M. Buchholz (Hrsg.), *Der Besen, mit dem die Hexe fliegt* (Bd. 2, S. 529–562). Gießen: Psychosozial-Verlag.
Schurz, G. (Hrsg.). (1990). *Erklären und Verstehen in der Wissenschaft.* Oldenburg: Scientia nova.
Schurz, R. (1995). *Negative Hermeneutik. Zur sozialen Anthropologie des Nicht-Verstehens.* Opladen: Westdeutscher Verlag.
Searle, J. R. (1983). *Sprechakte: Ein sprachphilosophischer Essay.* Frankfurt a. M.: Suhrkamp.
Sonnemann, U. (1969). Das Gesetz und seine Furcht vor dem Satz. Versuch einer Vergegenwärtigung. In ders. (Hrsg.), *Negative Anthropologie* (S. 301–310). Hamburg: Rowohlt.
Sonnemann, U. (1981). *Negative Anthropologie. Vorstudien zur Sabotage des Schicksals.* Frankfurt a. M.: Syndikat.
Spaemann, R. & Löw, R. (1985). *Die Frage Wozu?. Geschichte und Wiederentdeckung des teleologischen Denkens.* München, Zürich: Piper.
Stegmüller, W. (1969–1983). *Probleme und Resultate der modernen Wissenschaftstheorie und Analytischen Philosophie.* Berlin, Heidelberg, New York: Springer.
Stern, D. (2005). *Der Gegenwartsmoment. Veränderungsprozesse in Psychoanalyse, Psychotherapie und Alltag.* Frankfurt a. M.: Brandes & Apsel.
Storck, T. (2010). *Spiel am Werk. Eine psychoanalytisch-begriffskritische Untersuchung künstlerischer Arbeitsprozesse.* Göttingen: Vandenhoeck & Ruprecht.
Storck, T. (2012). *Zur Negation der psychoanalytischen Hermeneutik.* Gießen: Psychosozial-Verlag.
Streeck, U. (2000). *Erinnern, Agieren und Inszenieren.* Göttingen: Vandenhoeck & Ruprecht.
Strenger, C. (1991). *Between Hermeneutics and Science. An Essay on the epistemology of Psychoanalysis.* Madison: International Universities Press.
Strenger, C. (2002). *The Quest für Voice in Contmeporary Psychoanalysis.* New York: International Universities Press, Inc.
Stuhr, U. (1993). Ohne Verstehen keine Fallgeschichte. Über Voraussetzungen des Verstehens. In U. Stuhr & F.-W. Deneke (Hrsg.), *Die Fallgeschichte* (S. 85–105). Heidelberg: Asanger.

Stuhr, U. (2009). Kann es eine idiografische Nomothetik geben? In H. Kächele & R. Pfeffer (Hrsg.), *Behandlungsberichte und Therapiegeschichten* (S. 289–307). Gießen: Psychosozial-Verlag.

Stuhr, U. & Deneke, F.-W. (Hrsg.). (1993). *Die Fallgeschichte. Beiträge zu ihrer Bedeutung als Forschungsinstrument.* Heidelberg: Asanger.

Theunissen, M. (1977). *Der Andere. Studien zur Sozialontologie der Gegenwart.* Berlin/New York: de Gruyter.

Thomä, H. & Kächele, H. (1973). Wissenschaftstheoretische und methodologische Probleme der klinisch-psychoanalytischen Forschung *Psyche – Z Psychoanal, 27*, 205–236.

Thomä, H. & Kächele, H. (2006). *Psychoanalytische Therapie. Forschung.* Heidelberg: Springer Medizin Verlag.

Tomasello, M. (2002). *Die kulturelle Entwicklung des menschlichen Denkens.* Frankfurt a. M.: Suhrkamp.

Tomasello, M. (2009). *Die Ursprünge der menschlichen Kommunikation.* Frankfurt a. M.: Suhrkamp.

Tomasello, M. (2010). *Warum wir kooperieren.* Berlin: Suhrkamp.

Tress, W. (1989). Adolf Grünbaum und die psychoanalytische Wahrheit. *Jahrbuch der Psychoanalyse, 25*, 167–199.

Tuckett, D. (2006). The search to define and describe how psychoanalysts work: preliminary report on the project of the EPF Working Party on Comparative Clinical Methods. In J. Canestri (Hrsg.), *Psychoanalysis. From Practice to Theory* (S. 167–200). Chichester: Whurr Publishers Ltd.

von der Pfordten, D. & Schurz, G. (Hrsg.). (2002). *Erklären und Verstehen: Tradition, Transformation und Aktualität einer klassischen Kontroverse* (Bd. No.1).

von Wright, G. H. (1971/1974). *Erklären und Verstehen.* Frankfurt a. M.: Athenäum.

Waldenfels, B. (1983). *Phänomenologie in Frankreich.* Frankfurt a. M.: Suhrkamp.

Warsitz, R.-P. (1987). *Das zweifache Selbstmißverständnis der Psychoanalyse. Die Psychoanalysekritik von Karl Jaspers in immanenter Darstellung.* Würzburg: Königshausen&Neumann.

Warsitz, R.-P. (1990). *Zwischen Verstehen und Erklären. Die widerständige Erfahrung der Psychoanalyse bei Karl Jaspers, Jürgen Habermas und Jacques Lacan.* Würzburg: Königshausen&Neumann.

Warsitz, R.-P. (2001). Der Raum des Sprechens und die Zeit der Deutung. In Verein-für-psychoanalytische-Sozialarbeit-Rottenburg-und-Tübingen (Hrsg.), *Zeit ohne Ende? Aspekte der Zeitlichkeit in der psychoanalytischen Sozialarbeit* (S. 104–139). Tübingen: edition discord.

Warsitz, R.-P. (2004). Der Andere im Ich. Antlitz – Antwort – Verantwortung. *Psyche – Z Psychoanal, 58*, 783–810.

Warsitz, R.-P. (2006a). Der Raum des Sprechens und die Zeit der Deutung im psychoanalytischen Prozess. *Psyche – Z Psychoanal, 60*, 1–30.

Warsitz, R.-P. (2009). Konstruktion und Dekonstruktion des Selbst. In E. Angehrn & J. Küchenhoff (Hrsg.), *Die Vermessung der Seele: Konzepte des Selbst in Philosophie und Psychoanalyse* (S. 1–27). Weilerswist: Velbrück Wissenschaft.

Warsitz, R.-P. (2012). Reverie und Prosodie. Semiotische Erkundungen an den Grenzen der Sprache. In E. Angehrn & J. Küchenhoff (Hrsg.), *Macht und Ohnmacht der Sprache. Philosophische und psychoanalytische Perspektiven* (S. 231–251). Weilerswist: Velbrück Wissenschaft.

Warsitz, R.-P. (2014). »Symbolische Nichtung« und »negative capability«. Die Arbeit des Negativen im psychoanalytischen Prozess. In E. Angehrn & J. Küchenhoff (Hrsg.), *Die Arbeit des Negativen* (S. 192–212). Weilerswist (im Druck): Velbrück Wissenschaft.

Weiß, H. (2013). Unbewußte Phantasien als strukturierende Prinzipien und Organisatoren des psychischen Lebens. Zur Funkion eines Konzepts – eine kleinianische Perspektive. *Psyche – Z Psychoanal, 67*(9/10), 903–930.

Welsch, W. (2012). *Der Philosoph: Die Gedankenwelt des Aristoteles* München: Fink.

Werner, C. & Langenmayr, A. (2005). *Das Unbewußte und die Abwehrmechanismen*. Göttingen: Vandenhoeck & Ruprecht.

Widmer, P. (1990). *Subversion des Begehrens. Jacques Lacan oder die Zweite Revolution der Psychoanalyse*. Frankfurt a. M.: Suhrkamp.

Widmer, P. (2001). Zwei Schlüsselkonzepte Lacans und ihre Bedeutsamkeit für die Praxis. In H.-D. Gondek, R. Hofmann & H.-M. Lohmann (Hrsg.), *Jacques Lacan – Wege zu seinem Werk* (S. 15–48). Stuttgart: Klett Cotta.

Windelband, W. (1894/1924). Geschichte und Naturwissenschaft. In *Präludien*, 9. *Aufl*. Tübingen: Bibliotheca Augustana.

Wirth, U. (2000). Zwischen Zeichen und Hypothese. Die abduktive Wende in der Sprachphilosophie. In U. Wirth (Hrsg.), *Die Welt als Zeichen und Hypothese. Perspektiven des semiotischen Pragmatismus von Charles Sanders Peirce* (S. 133–157). Frankfurt a. M.: Suhrkamp.

Wirth, U. (Hrsg.). (2002). *Performanz. Zwischen Sprachphilosophie und Kulturwissenschaften*. Frankfurt a. M.: Suhrkamp.

Wulf, C. (2004). *Anthropologie: Geschichte – Kultur – Philosophie*. Reinbek: Rowohlt.

Wulf, C. (2012). Historisch-kulturelle Anthropologie. Anregungen und Herausforderungen für Psychologie und Psychoanalyse. In G. Gödde & M. B. Buchholz (Hrsg.), *Der Besen, mit dem die Hexe fliegt* (Bd. 2, S. 317–332). Gießen: Psychosozial-Verlag.

Zwiebel, R. (2013). *Was macht einen guten Psychoanalytiker aus? Grundelemente professioneller Psychotherapie*. Stuttgart: Klett-Cotta.

Stichwortverzeichnis

A

Abduktion 39, 154
Andere 58, 104
Anthropologie 123–125, 129–130, 134, 165
Assoziation 17, 73, 88, 92, 111, 124, 145–149, 159, 161, 163
Aufmerksamkeit 17, 73, 88, 91–92, 108, 124, 145–147, 149, 159, 161–163
Automaton 143

B

Begegnung 56, 64, 70, 83, 93, 96, 124, 130–131, 142, 149
Bewusstsein 54, 68, 110, 126

C

Chora 150

E

Epistemologie 15–16, 19, 21, 26, 36, 58, 60, 122, 124, 126, 128, 133, 163
Erfahrung 16, 25, 50, 52, 60, 68, 70, 72–73, 75, 77–78, 80, 83, 85–96, 99, 102, 111, 115, 121–124, 126, 128, 131, 143, 145, 153, 157, 162, 164–166
Erinnerung 91, 108, 112–113, 131

Erkenntnisanthropologie 134, 156, 159, 165
Erkenntnisinteressen 41, 134
Erkenntnistheorie 13, 16, 83, 85, 87, 95, 121–122, 136, 138, 140, 164–166
Erklärens-Verstehens-Kontroverse 37, 82

F

Forschung 27, 50, 54–56, 60, 71–73, 76, 81, 133, 149

G

Geisteswissenschaft 15, 18, 51, 64
Gespräch 18, 61, 89, 100
Grundregel 17, 87–89, 111, 147–148

H

Haltung des Analytikers 100
Handlungsdialog 102, 159
Hermeneutik 22, 37, 40, 49, 61, 63, 68, 72, 76, 87, 124–126, 128–129, 132, 140, 144, 150, 159

I

Individualität 68
Inszenierung 99, 130–131, 142, 159, 167

Stichwortverzeichnis

K

Kausalität 31, 49, 51, 66–67, 73, 75–78, 123, 133–134, 136, 138–144
Kohärenz 51, 71, 78–79
Konzeptforschung 71, 79–80, 121
Kulturtheorie 19, 78

L

Leib 59, 98

M

Mangel 104, 115, 125, 141, 147, 148
Metapsychologie 70–77, 80, 83, 116, 122, 124, 136–137
Methoden-Dichotomie 51
Methodenpluralismus 20
Modell 21, 53, 57, 72, 76, 91, 133, 140, 148

N

Naturwissenschaft vom Seelischen 15, 17, 51, 53, 64, 136
Negation 103–104, 122, 126, 157, 159
Negative 128, 166
Negativität 63, 96, 109, 128, 132, 137, 141, 145–146, 154–155, 158, 166–167
Neukantianismus 22, 29–30
Neurowissenschaft 57–59
Novelle 18

O

Objekt 77, 101, 133, 136–139, 153–154

P

Performanz 56, 147, 163

Phantasie 92, 111–113, 129, 139, 149–150, 153
Pluralität 21, 122

R

Rêverie 92, 145–146, 156, 159, 161–162, 166

S

Semiotik 126, 156, 159–160, 164–166
Soziologie 26, 29, 35, 72
Spiegelstadium 156
Sprache 15, 19, 22, 34, 61, 68, 74, 79, 89–90, 95, 97, 109, 122, 124–125, 129, 131, 133, 143–147, 149–150, 153–160, 163–166
Subjekt 42, 58, 60, 68, 77, 96, 99, 103, 108, 110–111, 128, 130, 133, 141, 154–155, 157
Szientismus 18, 26, 43

T

These der notwendigen Bedingung 53, 55
Transzendentalpragmatik 134

U

Unbewusstes 79, 130
Ursache 64, 110, 138, 162

V

Verneinung 156, 158, 162
Verständigung 22, 25, 40, 66, 136, 142–143, 152, 153, 156, 163
Verstehen 20, 22, 25, 27–30, 35, 37, 39, 40–42, 49, 56, 61, 63–64, 66–67, 76, 89–91,

121, 128, 138, 142,
  148–149, 159
Verwerfung   156, 159

W

Wissenschaft vom Unbewussten
  16–17

Wissenschaftstheorie   20, 73, 94,
  122

Z

Zwischenleiblichkeit   149–150, 152
Zwischenwissenschaft   51, 78

Personenverzeichnis

A

Adorno 35, 88, 128
Angehrn 63–64, 67, 122, 128
Anscombe 37
Apel 21, 25, 29–30, 32, 35, 37, 39–40, 77, 126, 134, 136, 150
Aristoteles 52, 125, 138, 140, 142, 143, 144
Austin 164

B

Bion 87, 89, 91–92, 98, 155, 157, 161–162
Böhme 153
Botella 149, 154
Brede 156
Buchholz 74–75

C

Canestri 80, 102, 121
Cassirer 125, 129

D

Dahl 81
Dahmer 66
Dancy 21
Deacon 125
Derrida 125
Descombes 47
Detel 123

Dilthey 21, 26, 27, 29, 49
Dreher 19, 79–80

F

Faimberg 111
Fonagy 72
Frank 149
Freud 15–19, 42, 53, 57, 61, 71, 73, 75, 81, 88–89, 95, 101, 107, 113–116, 125, 129, 136–137, 139, 144, 146–150, 156, 158–159, 162, 167

G

Gabbard 59–60
Gadamer 61, 126
Gast 68, 95
Giesecke 123
Gill 98
Gondek 109
Green 128, 155, 157
Group 149
Grünbaum 50, 52–53, 76, 122

H

Habermas 25, 26, 35, 37, 40, 42, 47, 52–53, 66–67, 72, 74–75, 77, 122, 125, 134, 136, 138, 150
Hartmann 141
Hausmann 75
Hegel 115, 128, 155, 158–159
Heidegger 43

Heim 67–68
Hell 58
Henningsen 57
Herder 125
Hinshelwood 155, 161
Hinz 39

I

Iser 130
Israel 148

J

Jaspers 25, 29, 42, 77, 121

K

Kächele 52, 71, 76, 81–82
Kant 21, 26, 80, 136–137
Kettner 39
Kimmerle 81
Körner 141
Kristeva 126, 148, 150, 153–161
Küchenhoff 65, 101, 104, 110, 130, 143–144, 163

L

Lacan 79, 103, 106, 109, 126, 130, 137, 144, 150, 155–156, 162–163
Laimböck 149
Lang 115, 144
Langlitz 109
Laplanche 113
Leuzinger-Bohleber 54, 59, 78–82, 88, 149
Lichtenberg 154–155
Loch 101–102
Lorenzer 72, 94, 131, 149

M

Mentzos 88

Merleau-Ponty 91, 149
Mertens 72, 106
Meyer 81
Mittelstraß 31
Moser 54

N

Naatz 64
Neurath 27, 29–30, 77
Nöth 159

O

Ogden 161

P

Parsons 149
Peirce 126, 150, 154, 159–163
Perrez 81
Plessner 125
Popper 30, 35, 36, 42

R

Radnitzky 37
Reik 87, 89–91
Ricoeur 52, 106–109, 111–113, 117
Riedel 37
Rorty 106, 115

S

Santaella 163
Schapp 111
Scheler 125
Schmitz 155
Schülein 58, 71
Schurz 21, 40, 75, 129
Searle 164
Sonnemann 125
Spaemann 141
Stegmüller 21
Stern 151, 153–154

185

Personenverzeichnis

Storck 75, 129, 142
Streeck 131
Strenger 76–77, 79, 87, 122
Stuhr 59, 82

T

Thomä 52, 71, 76, 81–82
Tomasello 125
Tress 52
Tuckett 80

V

von der Pfordten 21
von Wright 37, 122

W

Waldenfels 47
Warsitz 29, 30, 58, 77, 105, 149–150
Weiß 149
Welsch 52, 140
Widmer 103, 115
Windelband 22, 25, 29
Wirth 39, 149
Wulf 125, 130

Z

Zwiebel 89, 92, 98

Wolfgang Mertens

Psychoanalyse im 21. Jahrhundert

Eine Standortbestimmung

2014. 232 Seiten. Kart.
€ 24,90
ISBN 978-3-17-022273-1

Psychoanalyse
im 21. Jahrhundert

Die Psychoanalyse ist nicht nur das älteste, umfassendste und auch am gründlichsten beforschte Psychotherapieverfahren, sondern auch eine Theorie und Methode, von der im 20. Jahrhundert viele entscheidende Anstöße für die Entwicklung eines aufgeklärten und reflektierten Bewusstseins ausgegangen sind. Ihre kritischen Denkanstöße haben zu bedeutsamen kulturellen Veränderungen geführt. Wird sie diese Rolle auch im 21. Jahrhundert beibehalten können oder aufgrund der Entwicklungen der Neurobiologie oder der Cognitive Sciences als überflüssig eingeschätzt werden? In diesem Buch wird herausgearbeitet, warum psychoanalytisches Denken weiterhin zentral für menschliches Erleben und Handeln bleibt und sogar noch wichtiger werden wird, auch wenn ihm nach wie vor viele Widerstände entgegengesetzt werden.

Leseproben und weitere Informationen unter www.kohlhammer.de

W. Kohlhammer GmbH
70549 Stuttgart

Kohlhammer

Alfred Schöpf

Philosophische Grundlagen der Psychoanalyse

2014. 216 Seiten. Kart.
€ 24,90
ISBN 978-3-17-022272-4

Psychoanalyse
im 21. Jahrhundert

Dieses Werk beleuchtet aus philosophischer Sicht die neuere Psychoanalyse, die zwischen der klinisch ausgerichteten Kleinianischen Theorie und der extraklinisch orientierten neueren Säuglingsforschung entstanden ist. Dabei zeigt sich ein therapeutisch und wissenschaftlich fruchtbarer Gegensatz zwischen dem klinisch rekonstruierten Unbewussten des Säuglings nach Melanie Klein und dem in direkter Beobachtung untersuchten Unbewussten nach Daniel Stern. Insbesondere für die psychoanalytische Lehre von der Abwehr zeichnen sich neue Perspektiven ab. Nicht zuletzt wird die Diskussion auch in die Wissenschaftsphilosophie und -geschichte eingeordnet.

Leseproben und weitere Informationen unter www.kohlhammer.de